NEW 한사람 제자양육

펴낸날 | 2025년 9월 20일

엮 음 | 한사람 제자양육원
펴낸이 | 허 복 만
펴낸곳 | 야스미디어
등록번호 제10-2569호

편 집 기 획 | 디자인드림
표지디자인 | 공군교회 교육연구소

주   소 | 서울시 영등포구 영중로 65, 영원빌딩 327호
전   화 | 02-3143-6651
팩   스 | 02-3143-6652
이메일 | yasmediaa@daum.net
I S B N | 979-11-92979-19-9 (03230)

정가 12,000원

본서의 수익금 일부분은 선교사를 지원합니다.
복사를 전면 금지함

New!
한사람 제자양육

한사람 제자양육원

우리가 그를 전파하여 각 사람을 권하고
모든 지혜로 각 사람을 가르침은
각 사람을 그리스도 안에서 완전한 자로 세우려 함이니 (골1:28)

내 아들아 그러므로 너는 그리스도 예수 안에 있는 은혜 가운데서 강하고
또 네가 많은 증인 앞에서 내게 들은 바를 충성된 사람들에게 부탁하라
그들이 또 다른 사람들을 가르칠 수 있으리라 (딤후2:1-2)

NEW 한사람 제자 양육을 시작하며

    교회를 이루고 있는 모든 구성원이 하나님께서 각자에게 부어주신 은사를 활용하여 한 영혼을 섬기며, 작은 목회자의 역할을 감당하는 것이 제자 양육입니다.
    더불어 모든 성도가 제자 양육을 통하여 목회자의 마음을 품고, 목회자의 어려움을 이해하며 동역할 때, 교회는 더욱 든든히 세워져 갈 수 있으며, 세상을 향해 강력한 영향력을 끼칠 수 있을 것입니다.
    교회의 본질은 세상을 복음으로 변화시키는데 있습니다. 예수님을 구주로 영접한 성도들은 교회이며, 세상에서 불러냄을 받은 것과 동시에 세상으로 파송 받은 예수님의 제자들입니다. 예수님은 부활하신 후 승천하시기 직전에 모든 족속을 제자 삼으라고 말씀하셨습니다. - 마28:19-20 -
    예수님은 세상을 구원하고 하나님나라를 확장하는 일에 우리를 도구로 쓰시기를 원하십니다. 그러므로 제자 양육은 많은 것 중에서 하나를 선택해서 진행하는 프로그램이 아닙니다. 예수님의 지상명령을 순종하기 위해 모든 성도가 적극적으로 참여해야 하는 필수적인 일입니다. 제자 양육은 자신이 어떤 존재이며, 어떤 삶을 살아내야 하는지 모르는 성도들에게, 이 시대와 공간속에 자신을 보내신 하나님의 뜻이 무엇인가를 깨닫고 행동하게 하는 귀한 사역입니다.

    마16:16-17절에서 베드로가 "주는 그리스도시오 살아계신 하나님의 아들이시니이다." 라고 고백했을 때 예수님은 "바요나 시몬아 네가 복이 있도다." 라고 축복하시며 "내가 이 반석위에 내 교회를 세우리니 음부의 권세가 이기지 못하리라." 라고 말씀하셨습니다. 즉 교회의 주인은 예수님이시며, 예수님을 구주라고 고백한 우리 각 사람을 교회라고 하신 것입니다. 그리고 엡1:22-23절에서는 예수님을 "만물위에 교회의 머리로 삼으셨고 교회는 그의 몸이니"라고 말씀하십니다. 몸은 머리에 의해 움직이게 되어 있습니다. 교회의 머리되신 예수님은 이 땅에 계실 때 가르치고 전파하고 고치셨습니다. 그러므로 교회의 몸 된 우리들도 예수님처럼 가르치고, 전파하고, 고치며 주님의 교회를 세워 나가야 하며, 하나님의 나라를 확장하며 영혼을 구원하는 사역에 헌신해야 합니다. 이 일은 우리가 하는 것이 아닙니다. 단지 우리를 하나님 앞에 내어드리면, 우리 속에 계신 성령께서 우리를 도구로 사용하셔서 이루어 나가시는 것입니다.

   예수님의 꿈은 모든 민족과 열방 가운데 하나님의 교회를 세우는 것입니다. 그리스도의 몸 된 교회를 세워 하나님이 다스리고 통치하는 그의 나라를 세우기를 원하십니다. 그렇기에 교회된 성도들은 끊임없이 하나님의 교회를 개척하고 세워나가야 합니다. 교회가 교회를 세워나가지 못한다면 생명이 없는 죽은 교회일 것입니다. 마찬가지로 교회된 우리 각자도 끊임없이 교회를 생산해야 합니다. 그렇지 않다면 우리가 어떤 신앙의 형태를 가졌든 죽은 교회에 불과할 것입니다.

   교회된 한사람이 또 한사람의 교회를 세워가는 것이 제자 양육이며, 교회마다 왕성하게 제자 양육이 이루어져 재생산을 해나갈 때, 예수님이 꿈꾸시던 하나님의 나라 - 눅17:20-21 - 가 이루어질 것입니다.

   특별히 이 교재는 공군교회의 군목님들이 참여하여 젊은이들에게 어떻게 신앙체계를 세워주고 유지 시켜줄 것인가를 고민하고 연구하며 만들어졌습니다.

2025년 9월
한사람 제자양육원

차례

기초편

첫 번째 만남 창조의 주 / 3
두 번째 만남 구속의 주 / 13
세 번째 만남 부활의 주 / 23
네 번째 만남 생명의 주 / 33
다섯 번째 만남 성령 / 43
여섯 번째 만남 교회 / 55

성장편

일곱 번째 만남 성례 / 67
여덟 번째 만남 성경 / 77
아홉 번째 만남 기도 / 93
열 번째 만남 전도 / 105
열한 번째 만남 고난 / 115
열두 번째 만남 방해 / 123
열세 번째 만남 리더 / 133
부록 / 143

기초편

첫 번째 만남

창조의 주

생활 숙제

① 창1장을 읽으십시오.

② 창1:26-27, 2:7을 암송하십시오.

③ 첫 번째 만남을 예습하십시오.

④ 주일설교를 요약하십시오.

⑤ 매일 큐티를 하십시오.

1 창조의 주
첫 번째 만남

　사람이 살아가는데 있어 가장 중요한 일은 하나님은 누구이시고, 또 어떤 성품을 가지셨는지를 아는 일입니다. 더불어 나는 누구이고, 어디서 왔으며, 또 어디를 향해 가고 있는지를 아는 것 역시 중요합니다. 하나님은 어떤 분이시며 나와는 어떤 관계입니까? 왜 나는 현재의 시간과 공간 속에 머무르고 있습니까? 만약 그 이유를 알지 못한다면 목적 없이 방황하며 살고 있는 것입니다.

　사람은 하나님과 교제하며 살도록 지음 받은 존재입니다. 그렇기 때문에 하나님과 인간 사이는 결코 분리될 수 없는 특별한 관계입니다.

　지금까지 하나님을 어떤 분이라고 생각하셨습니까?

_____

　하나님과 자신이 어떤 관계 속에 있는지 정확하게 알아야 인생의 목표와 이상을 바로 세울 수 있으며, 올바른 신앙의 가치관을 가질 수 있습니다.

1. 하나님은 어떤 분이십니까?
　　창1:1, 2:4, 출3:14, 렘23:24, 요4:24, 롬11:36, 딤전6:15-16

_____

_____

창1:1　태초에 (　　　)이 천지를 창조하시니라

창2:4　이것이 천지가 창조될 때에 (　　　　)의 내력이니 여호와 하나님이 땅과 하늘을 만드시던 날에

출3:14　하나님이 모세에게 이르시되 나는 (　　　　　)이니라 또 이르시되 너는 이스라엘 자손에게 이같이 이르기를 스스로 있는 자가 나를 너희에게 보내셨다 하라

렘23:24　여호와의 말씀이니라 사람이 내게 보이지 아니하려고 누가 자신을 은밀한 곳에 숨길 수 있겠느냐 여호와가 말하노라 나는 천지에 (　　　)하지 아니하냐

요4:24　하나님은 (　　　)이시니 예배하는 자가 영과 진리로 예배할지니라

롬11:36　이는 (　　　)이 주에게서 나오고 주로 말미암고 주에게로 돌아감이라 그에게 영광이 세세에 있을지어다 아멘

딤전6:15-16　기약이 이르면 하나님이 그의 나타나심을 보이시리니 하나님은 복되시고 유일하신 (　　　　)이시며 (　　　　)이시며 만주의 주시요 오직 그에게만 죽지 아니함이 있고 가까이 가지 못할 빛에 거하시고 어떤 사람도 보지 못하였고 또 볼 수 없는 이시니 그에게 존귀와 영원한 권능을 돌릴지어다 아멘

첫 번째 만남 / 창조의 주

2. 하나님은 어떤 성품을 가지고 계십니까?
   출15:11, 신32:4, 시86:5, 89:14, 요일4:16

   [나눔] 하나님의 성품은 나와 어떤 관계가 있습니까?
   (하나님의 성품 중 어떤 것이 가장 인상 깊었습니까?)

3. 태초에 하나님이 천지를 창조하셨습니다. 지금까지 이 세상이 어떻게 만들어졌다고 생각하셨습니까? 창1:4, 10, 12, 18, 21, 25

   [나눔] 지금까지 이 세상이 어떻게 만들어졌다고 생각하셨습니까?

3-1. 하나님은 창조하신 세상을 어떻게 보시고 계십니까?

   [나눔] 당신은 세상을 어떻게 보고 계십니까?

4. 하나님은 다른 피조물들과는 구별되게 사람을 만드셨습니다. 사람은 어떻게 만들어진 존재입니까? 창1:26, 2:7

   [나눔] 사람이 다른 피조물들과 다른 특별한 점은 무엇입니까? (나의 생각&성경적 의미)

5. 하나님이 사람을 만드시고 부여하신 첫 번째 명령이 무엇입니까?
   창1:28

   [나눔] 이 명령을 어느 범위까지 적용할 수 있습니까?

출15:11 여호와여 (   ) 중에 주와 같은 자가 누구니이까 주와 같이
(   )으로 영광스러우며 찬송할 만한 위엄이 있으며
기이한 일을 행하는 자가 누구니이까

신32:4 그는 반석이시니 그가 하신 일이 완전하고 그의 모든 길이
(   ) 진실하고 거짓이 없으신 하나님이시니
(   ) 바르시도다

시86:5 주는 선하사 사죄하기를 즐거워하시며 주께 부르짖는 자에게
(   )이 후하심이니이다

시89:14 의와 공의가 주의 보좌의 기초라 인자함과 (   )이
주 앞에 있나이다

요일4:16 하나님이 우리를 사랑하시는 사랑을 우리가 알고 믿었노니
하나님은 (   )이시라 사랑 안에 거하는 자는 하나님 안에
거하고 하나님도 그의 안에 거하시느니라

창1:4 빛이 (   )이 보시기에 좋았더라 하나님이 빛과 어둠을 나누사

창1:10 하나님이 뭍을 (   )이라 부르시고 모인 물을 (   )라
부르시니 하나님이 보시기에 좋았더라

창1:26 하나님이 이르시되 우리의 (   )을 따라 우리의 (   )대로
우리가 사람을 만들고 그들로 바다의 물고기와 하늘의 새와
가축과 온 땅과 땅에 기는 모든 것을 다스리게 하자 하시고

창2:7 여호와 하나님이 땅의 흙으로 사람을 지으시고 (   )를
그 코에 불어넣으시니 사람이 (   )이 되니라

창1:28 하나님이 그들에게 복을 주시며 하나님이 그들에게 이르시되
(   )하고 (   )하여 땅에 충만하라, 땅을 정복하라,
바다의 물고기와 하늘의 새와 땅에 움직이는 모든 생물을
다스리라 하시니라

6. 하나님이 에덴동산을 만드시고 사람을 그곳에 두셨습니다. 그리고 명령하신 것이 있습니다. 무엇입니까? 창2:16-17

_____

_____

> **나눔** 하나님이 명령을 지키라고 하신 이유가 무엇입니까?
> (만약 하나님의 명령을 어기지 않았다면 지금 어떻게 살고 있겠습니까?)

7. 하나님은 여자를 어떻게 만드셨습니까? 창2:22-24

_____

_____

> **나눔** 여자와 남자는 어떻게 다릅니까? (하나님께서는 왜 다르게 만드셨을까요?)

8. 인간의 첫 번째 범죄는 어떻게 이루어졌습니까? 창3:6

_____

_____

> **나눔** 우리가 짓는 대부분의 죄는 어떤 동기로부터 시작됩니까?

일반적으로 죄란 도덕적, 윤리적, 법적 기준에서 어긋난 것을 말합니다. 보통 사람들은 우리 사회의 실정법을 지키면 스스로 죄인이 아니라고 생각합니다. 그러나 성경에서 말하는 죄란 하나님과의 관계가 단절된 것을 말하며, 하나님의 뜻을 벗어나 자기 자신이 주인 되어 사는 것을 말합니다. 죄는 "과녁에서 벗어났다"라는 의미와 "제멋대로 하다"라는 의미를 가지고 있습니다. 죄는 전염, 정죄, 분열, 권세라는 속성을 가지고 있으며, 아담의 범죄는 하나님 중심(의인, 연결)에서 인간 중심(죄인, 단절)으로의 신분 전환입니다.

창2:16-17 여호와 하나님이 그 사람에게 명하여 이르시되 동산 각종 나무의 열매는 네가 임의로 먹되 (　　　)을 알게 하는 나무의 열매는 먹지 말라 네가 먹는 날에는 반드시 (　　　) 하시니라

창2:22-24 여호와 하나님이 (　　)에게서 취하신 그 갈빗대로 (　　)를 만드시고 그를 아담에게로 이끌어 오시니 아담이 이르되 이는 내 뼈 중의 뼈요 살 중의 살이라 이것을 남자에게서 취하였은즉 여자라 부르리라 하니라 이러므로 남자가 부모를 떠나 그의 아내와 합하여 둘이 한 몸을 이룰지로다

창3:6 여자가 그 나무를 본즉 (　　)도 하고 (　　)도 하고 지혜롭게 할 만큼 탐스럽기도 한 나무인지라 여자가 그 열매를 따먹고 자기와 함께 있는 남편에게도 주매 그도 먹은지라

9. 하나님의 명령을 어기고 죄를 범한 인간에게 어떤 일이 벌어졌습니까? 창3:16-19, 롬3:23, 5:12, 6:23

_____

_____

나눔 하나님과의 관계 단절로 힘들었던 경험이 있으십니까?

10. 하나님이 창조하신 때의 '세상'과 인간이 죄를 범한 이후의 '세상'은 어떻게 달라졌습니까? 엡6:12, 요일2:16, 5:19

_____

_____

    하나님은 우주만물을 창조하신 창조주이시며, 사람을 창조하신 분입니다. 사람은 하나님의 형상대로 창조된 존재입니다. 하나님의 형상으로 창조되었다는 것은 눈이나 귀 같은 모양이 아니라 하나님의 성품, 즉 도덕적, 정신적, 영적인 특성으로 만들어졌다는 의미로 인간은 영혼과 육체를 지닌 완전한 존재였습니다. 이렇게 창조된 인간은 생육하고 번성할 뿐 아니라 하나님의 말씀에 순종해야 할 존재입니다.

    하지만 아담의 범죄는 그대로 후손들에게 전가되었고, 부패한 죄성이 유전되어 죽음에 이르게 되었습니다. 인간은 영과 육의 완전한 오염으로 전적으로 무능하며, 영적으로 죽은 존재로 하나님과의 관계가 단절되었습니다. 인간이 죄를 범한 이후 성경에 나타난 '세상'의 의미는, 하나님이 창조하신 선한 '세상'에서 하나님과 단절된 악한 '세상'으로 의미가 바뀌었습니다.

창3:16-19 또 여자에게 이르시되 내가 네게 (　　　)하는 고통을 크게 더하리니 네가 수고하고 자식을 낳을 것이며 너는 남편을 원하고 남편은 너를 다스릴 것이니라 하시고 아담에게 이르시되 네가 네 아내의 말을 듣고 내가 네게 먹지 말라 한 나무의 열매를 먹었은즉 땅은 너로 말미암아 (　　　)를 받고 너는 네 평생에 수고하여야 그 소산을 먹으리라 땅이 네게 가시덤불과 엉겅퀴를 낼 것이라 네가 먹을 것은 밭의 (　　　)인즉 네가 흙으로 돌아갈 때까지 얼굴에 땀을 흘려야 먹을 것을 먹으리니 네가 그것에서 취함을 입었음이라 너는 (　　　)이니 흙으로 돌아갈 것이니라 하시니라

롬3:23 모든 사람이 (　　　)를 범하였으매 하나님의 영광에 이르지 못하더니

롬5:12 그러므로 (　　　)으로 말미암아 죄가 세상에 들어오고 죄로 말미암아 사망이 들어왔나니 이와 같이 모든 사람이 죄를 지었으므로 사망이 모든 사람에게 이르렀느니라

롬6:23 죄의 삯은 (　　　)이요 하나님의 은사는 그리스도 예수 우리 주 안에 있는 영생이니라

엡6:12 우리의 씨름은 (　　　)을 상대하는 것이 아니요 통치자들과 권세들과 이 어둠의 세상 주관자들과 하늘에 있는 악의 영들을 상대함이라

요일2:16 이는 세상에 있는 모든 것이 육신의 정욕과 안목의 정욕과 이생의 자랑이니 다 (　　　)께로부터 온 것이 아니요 (　　　)으로부터 온 것이라

요일5:19 또 아는 것은 우리는 (　　　)께 속하고 온 세상은 악한 자 안에 처한 것이며

두 번째 만남

구속의 주

생활 숙제

1. 빌2장을 읽으십시오.
2. 빌2:6-8을 암송하십시오.
3. 두 번째 만남을 예습하십시오.
4. 주일설교를 요약하십시오.
5. 매일 큐티를 하십시오.

2 구속의 주

두 번째 만남

    기독교 신앙의 본질과 핵심은 예수 그리스도입니다. 믿음의 초점은 모두 예수님께 맞추어져야 합니다. 그래야 우리가 믿어야 할 분명한 대상과, 믿어야 할 내용, 그리고 믿음의 고백으로 이루어지는 결과가 분명해집니다. 죄로 인해 하나님과의 관계가 단절된 인간은 죄의 문제를 해결하지 않고는 하나님과의 관계가 회복될 수 없습니다. 문제는 인간 스스로는 죄를 해결할 수 없다는 데 있습니다. 회복은 하나님의 독생자 예수 그리스도 안에서만 가능합니다. 지금까지 복음이란 무엇이라고 생각하셨습니까?

_____

    만약 예수 그리스도가 누구인지 모른다면 우리는 인생에 대해서 아무것도 모르는 것입니다. 예수 그리스도가 어떤 분인지, 또 어떤 일을 하셨는지 알아야 합니다.

1. 예수님은 어떤 분입니까? 마1:21,23, 3:17, 눅2:11, 요1:14, 골1:15, 요일1:2

_____

_____

    나눔 지금까지 예수님을 어떤 분이라고 생각해 오셨습니까?

마1:21 아들을 낳으리니 이름을 (　　) 라 하라 이는 그가 자기 백성을
그들의 (　　)에서 구원할 자이심이라 하니라

마1:23 보라 처녀가 잉태하여 아들을 낳을 것이요 그의 이름은
(　　　　)이라 하리라 하셨으니 이를 번역한즉 하나님이
우리와 함께 계시다 함이라

마3:17 하늘로부터 소리가 있어 말씀하시되
이는 내 사랑하는 (　　　)이요 내 기뻐하는 자라 하시니라

눅2:11 오늘 다윗의 동네에 너희를 위하여 구주가 나셨으니
곧 (　　　) 주시니라

요1:14 말씀이 육신이 되어 우리 가운데 거하시매 우리가 그의 영광을
보니 아버지의 (　　　)의 영광이요 은혜와 진리가
충만하더라

골1:15 그는 보이지 아니하는 (　　　　)의 형상이시요 모든 피조물보다
먼저 나신 이시니

요일1:2 이 생명이 나타내신 바 된지라 이 영원한 생명을 우리가 보았고
증언하여 너희에게 전하노니 이는 (　　　　)와 함께 계시다가
우리에게 나타내신 바 된 이시니라

2. 예수님은 이 세상에 어떻게 오셨습니까? 마1:18-20, 2:1

_____
_____

> **나눔** 당신은 이 세상에 어떻게 오셨습니까? (출생과 관련된 이야기)

3. 예수님이 인간의 몸을 입고 이 세상에 오신 이유가 무엇입니까?
   눅5:32, 히2:17, 요일4:9

_____
_____

> **나눔** 당신이 이 세상을 살아가는 이유가 무엇입니까?

4. 예수님은 자신을 어떻게 소개하십니까? 요10:30, 14:6, 14:9

_____
_____

> **나눔** 당신은 자신을 어떻게 소개하겠습니까?

예수님은 이 세상에 참 하나님, 참 사람으로 오셨습니다. 하나님과 동일한 본질이신 독생자이시나 사람의 몸을 입고 시간과 공간의 제약 속에 사셨습니다. 예수님이 참 하나님이시고, 참 사람이셨음을 고백하는 것이 올바른 신앙입니다.(적그리스도, 요일2:22 요이1:7)

마1:18-20 예수 그리스도의 나심은 이러하니라 그의 어머니 마리아가
 요셉과 약혼하고 동거하기 전에 (   )으로 잉태된 것이
 나타났더니 그의 남편 요셉은 의로운 사람이라 그를 드러내지
 아니하고 가만히 끊고자 하여 이 일을 생각할 때에 주의 사자가
 현몽하여 이르되 (   ) 요셉아 네 아내 마리아
 데려오기를 무서워하지 말라 그에게 잉태된 자는 성령으로
 된 것이라

마2:1 헤롯 왕 때에 예수께서 유대 (   )에서 나시매
 동방으로부터 박사들이 예루살렘에 이르러 말하되

눅5:32 내가 의인을 부르러 온 것이 아니요 (   )을 불러
 회개시키러 왔노라

히2:17 그러므로 그가 범사에 형제들과 같이 되심이 마땅하도다
 이는 하나님의 일에 자비하고 신실한 (   )이 되어
 백성의 죄를 속량하려 하심이라

요일4:9 하나님의 사랑이 우리에게 이렇게 나타난 바 되었으니 하나님이
 자기의 (   )를 세상에 보내심은 그로 말미암아 우리를
 살리려 하심이라

요10:30 나와 (   )는 하나이니라 하신대

요14:6 예수께서 이르시되 내가 곧 길이요 진리요 생명이니
 나로 말미암지 않고는 (   )께로 올 자가 없느니라

요14:9 예수께서 이르시되 (   )아 내가 이렇게 오래 너희와 함께
 있으되 네가 나를 알지 못하느냐 나를 본 자는
 아버지를 보았거늘 어찌하여 아버지를 보이라 하느냐

두 번째 만남 / 구속의 주

5. 예수님은 공생애 기간 중 어떤 일들을 하셨습니까? 마4:23, 11:5, 막1:15

_____

_____

> **나눔** 당신은 예수님을 영접한 후 지금까지 어떤 삶을 살아왔습니까?

6. 아담의 범죄는 하나님 중심적 삶(의인)에서 인간 중심적 삶(죄인)으로의 전환입니다. 인간이 죄를 범한 결과는 무엇입니까? 엡2:1, 히9:27

_____

_____

7. 죄를 범한 결과로 죽을 수밖에 없는 인간들을 위해 예수님이 하신 일은 무엇입니까? 사53:5-6, 막10:45, 롬5:8

_____

_____

> **나눔** 죽음 이후에 대하여 생각해 본적이 있습니까?

8. 예수님은 우리에게 무엇을 주시려고 십자가에서 죽으셨습니까? 롬3:24, 5:19, 엡1:7

_____

_____

> **나눔** 지금까지 당신은 구원을 얻기 위해 노력해 본 적이 있습니까?

　죄의 문제를 해결하지 않고는 어떤 누구도 하나님 앞에 나아갈 수 없습니다. 구원은 인간의 죗값을 십자가에서 대속해 주신 예수 그리스도께만 있습니다.

마4:23 예수께서 온 갈릴리에 두루 다니사 그들의 회당에서 가르치시며
(   )을 전파하시며 백성 중의 모든 병과 모든 약한
것을 고치시니

마11:5 맹인이 보며 못 걷는 사람이 걸으며 (   )가 깨끗함을
받으며 못 듣는 자가 들으며 죽은 자가 살아나며 가난한 자에게
복음이 전파된다 하라

막1:15 이르시되 때가 찼고 (   )가 가까이 왔으니
회개하고 복음을 믿으라 하시더라

엡2:1 그는 허물과 (   )로 죽었던 너희를 살리셨도다

히9:27 한 번 죽는 것은 사람에게 정해진 것이요 그 후에는 (   )이
있으리니

사53:5-6 그가 찔림은 우리의 허물 때문이요 그가 상함은 우리의
(   ) 때문이라 그가 징계를 받으므로 우리는 평화를 누리고
그가 채찍에 맞으므로 우리는 나음을 받았도다
우리는 다 (   ) 같아서 그릇 행하여 각기 제 길로 갔거늘
여호와께서는 우리 모두의 죄악을 그에게 담당시키셨도다

막10:45 인자가 온 것은 섬김을 받으려 함이 아니라 도리어 섬기려 하고
자기 목숨을 많은 사람의 (   )로 주려 함이니라

롬5:8 우리가 아직 죄인 되었을 때에 (   )께서 우리를 위하여
죽으심으로 하나님께서 우리에 대한 자기의 사랑을 확증하셨느니라

롬3:24 그리스도 예수 안에 있는 (   )으로 말미암아 하나님의
은혜로 값 없이 의롭다 하심을 얻은 자 되었느니라

롬5:19 한 사람이 순종하지 아니함으로 많은 사람이 (   ) 된 것 같이
한 사람이 순종하심으로 많은 사람이 (   )이 되리라

엡1:7 우리는 그리스도 안에서 그의 은혜의 풍성함을 따라
그의 피로 말미암아 속량 곧 (   )을 받았느니라

두 번째 만남 / 구속의 주

9. 왜 예수님만이 유일한 구원자이십니까? 마1:21, 요1:29, 행4:12

> **나눔** 이방신들과 우상들이 구원자가 될 수 없는 이유는 무엇입니까?

* 마16:16, 빌2:6-8

10. 예수님이 하나님과 우리를 화목하게 하셨다는 의미는 무엇입니까?
    마27:51, 막15:37-38, 엡2:13-16

> **나눔** 지금 하나님과 당신의 관계는 어떻습니까?

예수님은 참 하나님이시며, 참 사람으로서 인간의 죄를 대신 지고 십자가에서 죽음을 당하셨습니다. 그의 죽음은 율법이 정한 형벌을 다 이루신 죽음이었습니다. 예수님이 십자가에서 내 죗값을 대신 치르시고 내 영혼을 자유케 하시기 위하여 죽으셨습니다. 예수 그리스도의 십자가 안에 하나님의 사랑이 있습니다. 십자가 안에 죄 사함, 구원, 영생, 천국이 있습니다. 성도는 매일 십자가를 묵상하며 감격이 넘쳐야 합니다.

마1:21 아들을 낳으리니 이름을 예수라 하라 이는 그가 자기 백성을 그들의 죄에서 (   )이심이라 하니라

요1:29 이튿날 요한이 예수께서 자기에게 나아오심을 보고 이르되 보라 세상 죄를 지고 가는 하나님의 (   )이로다

행4:12 다른 이로써는 구원을 받을 수 없나니 천하 사람 중에 구원을 받을 만한 (   )을 우리에게 주신 일이 없음이라 하였더라

마27:51 이에 성소 (   )이 위로부터 아래까지 찢어져 둘이 되고 땅이 진동하며 바위가 터지고

막15:37-38 예수께서 큰 소리를 지르시고 숨지시니라 이에 성소 휘장이 위로부터 아래까지 찢어져 둘이 되니라

엡2:13-16 이제는 전에 멀리 있던 너희가 그리스도 예수 안에서 그리스도의 (   )로 가까워졌느니라 그는 우리의 화평이신지라 둘로 하나를 만드사 원수 된 것 곧 중간에 막힌 담을 자기 (   )로 허시고 법조문으로 된 계명의 (   )을 폐하셨으니 이는 이 둘로 자기 안에서 한 새 사람을 지어 화평하게 하시고 또 (   )로 이 둘을 한 몸으로 하나님과 화목하게 하려 하심이라 원수 된 것을 십자가로 소멸하시고

마16:16 시몬 베드로가 대답하여 이르되 주는 그리스도시요 살아 계신 하나님의 아들이시니이다

빌2:6-8 그는 근본 하나님의 본체시나 하나님과 동등됨을 취할 것으로 여기지 아니하시고 오히려 자기를 비워 종의 형체를 가지사 사람들과 같이 되셨고 사람의 모양으로 나타나사 자기를 낮추시고 죽기까지 복종하셨으니 곧 십자가에 죽으심이라

세 번째 만남

부활의 주

생활 숙제

❶ 요11장을 읽으십시오.

❷ 요11:25-26을 암송하십시오.

❸ 세 번째 만남을 예습하십시오.

❹ 주일설교를 요약하십시오.

❺ 매일 큐티를 하십시오.

3 부활의 주
세 번째 만남

　예수님은 부활을 통해 "메시아", "그리스도"(기름부음 받은 종말의 구원자)이시며, 지금도 살아서 역사하시는 하나님의 아들이심을 드러내셨습니다. 성경은 예수님의 부활을 분명하게 증거하고 있습니다. 예수 그리스도의 부활은 역사적 사실입니다. 이것을 믿는 것이 기독교 신앙이며, 이것은 성도들의 삶과 절대적으로 연관되어 있습니다.

　부활신앙은 신앙의 핵심이며 모든 고난을 이기는 엄청난 능력입니다. 나의 옛사람은 예수님과 함께 십자가에서 죽었습니다. 그리고 예수님이 부활하셨을 때 부활에 연합된 새사람이 되었습니다. 그 사실을 믿으십니까?

1. 예수님의 부활은 자신이 예언하셨던 내용을 성취하신 것입니다. 예언된 내용이 무엇입니까? 마16:21, 눅24:7, 고전15:3-4

　　―――――――――――――――――――――――――――

　　―――――――――――――――――――――――――――

　　나눔 예수님과 이방(거짓)신들의 차이점이 무엇입니까?

마16:21　이 때로부터 예수 그리스도께서 자기가 예루살렘에 올라가 장로들과 대제사장들과 서기관들에게 많은 고난을 받고 죽임을 당하고 (　　　)에 살아나야 할 것을 제자들에게 비로소 나타내시니

눅24:7　이르시기를 인자가 죄인의 손에 넘겨져 십자가에 못 박히고 (　　　)에 다시 살아나야 하리라 하셨느니라 한대

고전15:3-4　내가 받은 것을 먼저 너희에게 전하였노니 이는 (　　　　) 그리스도께서 우리 죄를 위하여 죽으시고 장사 지낸 바 되셨다가 성경대로 사흘 만에 다시 살아나사

2. 부활하신 예수님은 많은 사람들에게 나타나셨습니다. 부활하신 예수님을 만져본 사람도 있고, 함께 음식을 먹은 사람도 있습니다. 부활하신 예수님을 만난 사람은 누구입니까?
막16:9, 요20:19, 고전15:5-8

3. 예수님의 부활이 역사적 사실임을 믿습니까?
막16:6, 눅24:5-6, 요20:9, 엡1:20

나눔 믿는 근거는 무엇이고, 믿어지지 않는 이유는 무엇입니까?

4. 예수님의 부활은 우리에게 어떤 영향을 미칩니까?
롬4:25, 6:5, 고전15:21-22

나눔 우리도 예수님처럼 부활할 것을 믿습니까?

막16:9 예수께서 안식 후 첫날 이른 아침에 살아나신 후 전에 일곱 귀신을 쫓아내어 주신 막달라 (　　　)에게 먼저 보이시니

요20:19 이 날 곧 안식 후 첫날 저녁 때에 (　　　)들이 유대인들을 두려워하여 모인 곳의 문들을 닫았더니 예수께서 오사 가운데 서서 이르시되 너희에게 평강이 있을지어다

고전15:5-8 게바에게 보이시고 후에 열두 제자에게와 그 후에 (　　　) 형제에게 일시에 보이셨나니 그 중에 지금까지 대다수는 살아 있고 어떤 사람은 잠들었으며 그 후에 야고보에게 보이셨으며 그 후에 모든 사도에게와 맨 나중에 만삭되지 못하여 난 자 같은 내게도 보이셨느니라

막16:6 청년이 이르되 놀라지 말라 너희가 십자가에 못 박히신 (　　　)를 찾는구나 그가 살아나셨고 여기 계시지 아니하니라 보라 그를 두었던 곳이니라

눅24:5-6 여자들이 두려워 얼굴을 땅에 대니 두 사람이 이르되 어찌하여 살아 있는 자를 죽은 자 가운데서 찾느냐 여기 계시지 않고 살아나셨느니라 (　　　)에 계실 때에 너희에게 어떻게 말씀하셨는지를 기억하라

요20:9 그들은 (　　　)에 그가 죽은 자 가운데서 다시 살아나야 하리라 하신 말씀을 아직 알지 못하더라

엡1:20 그의 능력이 그리스도 안에서 역사하사 죽은 자들 가운데서 다시 살리시고 하늘에서 자기의 (　　　)에 앉히사

롬4:25 예수는 우리가 범죄한 것 때문에 내줌이 되고 또한 우리를 (　　　) 하시기 위하여 살아나셨느니라

롬6:5 만일 우리가 그의 죽으심과 같은 모양으로 연합한 자가 되었으면 또한 그의 (　　　)과 같은 모양으로 연합한 자도 되리라

고전15:21-22 사망이 한 사람으로 말미암았으니 죽은 자의 부활도 한 사람으로 말미암는도다 아담 안에서 모든 사람이 죽은 것 같이 (　　　) 안에서 모든 사람이 삶을 얻으리라

5. 부활하신 예수님은 어디로 가셨으며, 가신 목적은 무엇입니까?
   막16:19, 요14:2, 12, 15:26

   _____

   _____

   나눔 나는 지금 하늘나라의 소망을 가지고 살고 있습니까?

6. 하나님은 부활하신 예수님께 어떤 권세를 주셨습니까?
   엡1:20-23, 빌2:9-11

   _____

   _____

   나눔 예수님의 권세는 나에게 어떤 영향을 미칩니까?

7. 하나님께서 우리를 예수님의 부활에 연합시키신 목적이 무엇입니까? 엡2:7, 빌3:21

   _____

   _____

   나눔 부활의 능력을 체험하고 증거하는 분을 만나 본 경험이 있습니까?

막16:19 주 예수께서 말씀을 마치신 후에 하늘로 올려지사
(   )에 앉으시니라

요14:2 내 아버지 집에 거할 곳이 많도다 그렇지 않으면 너희에게
일렀으리라 내가 너희를 위하여 (   )를 예비하러 가노니

요14:12 내가 진실로 진실로 너희에게 이르노니 나를 (   )는 내가
하는 일을 그도 할 것이요 또한 그보다 큰 일도 하리니 이는 내가
아버지께로 감이라

요15:26 내가 아버지께로부터 너희에게 보낼 보혜사 곧 아버지께로부터
나오시는 (   )의 성령이 오실 때에 그가 나를 증언하실 것이요

엡1:20-23 그의 능력이 그리스도 안에서 역사하사 죽은 자들 가운데서 다시
살리시고 하늘에서 자기의 오른편에 앉히사 모든 통치와 권세와
능력과 (   )과 이 세상뿐 아니라 오는 세상에 일컫는 모든
이름 위에 뛰어나게 하시고 또 만물을 그의 발 아래에 복종하게
하시고 그를 만물 위에 교회의 (   )로 삼으셨느니라 교회는
그의 (   )이니 만물 안에서 만물을 충만하게 하시는 이의 충만
함이니라

빌2:9-11 이러므로 하나님이 그를 지극히 높여 모든 이름 위에 뛰어난
이름을 주사 하늘에 있는 자들과 땅에 있는 자들과 땅 아래에 있는
자들로 모든 무릎을 (   )에 꿇게 하시고 모든 입으로
예수 그리스도를 주라 시인하여 하나님 아버지께 영광을 돌리게
하셨느니라

엡2:7 이는 그리스도 예수 안에서 우리에게 자비하심으로써
그 (   )의 지극히 풍성함을 오는 여러 세대에 나타내려 하심
이라

빌3:21 그는 만물을 자기에게 복종하게 하실 수 있는 자의 역사로 우리의
낮은 몸을 자기 (   )의 몸의 형체와 같이 변하게 하시리라

세 번째 만남 / 부활의 주

예수님은 부활하심으로 참 하나님이시고, 참 인간이심을 확증하셨으며, 만왕의 왕, 만주의 주가 되셨습니다. 예수님의 죽으심과 부활은 기독교의 핵심 복음입니다. 이것을 믿는 것이 기독교 신앙이며, 이것은 성도들의 삶과 절대적으로 연관되어 있습니다. 예수님의 육체적 부활은 신자들의 부활의 첫 열매입니다. 고전 15:20

그러므로 예수 그리스도의 부활에 연합된 성도들은 부활의 증인된 삶을 살아야 합니다. 성도는 세상 사람들과 더불어 세상 속에서 살아가지만 예수님께서 통치하시는 거룩한 나라의 생명의 법을 적용받는 하늘나라의 시민권자들이며 빌3:20, 부활을 증거합니다. 빌3:10-12

빌3:20　그러나 우리의 (　　　　)은 하늘에 있는지라 거기로부터 구원하는 자 곧 주 예수 그리스도를 기다리노니

빌3:10-12
(새번역)　내가 바라는 것은, 그리스도를 알고, 그분의 부활의 능력을 깨닫고, 그분의 고난에 동참하여, 그분의 죽으심을 본받는 것입니다. 그리하여 나는 어떻게 해서든지, 죽은 사람들 가운데서 살아나는 (　　　)에 이르고 싶습니다. 나는 이것을 이미 얻은 것도 아니며, 이미 목표점에 다다른 것도 아닙니다. 그리스도 예수께서 나를 사로잡으셨으므로, 나는 그것을 (　　　　) 좇아가고 있습니다.

세 번째 만남 / 부활의 주　31

네 번째 만남

생명의 주

생활 숙제

❶ 엡2장을 읽으십시오.
❷ 엡2:8-9, 요5:24을 암송하십시으.
❸ 네 번째 만남을 예습하십시오.
❹ 주일설교를 요약하십시오.
❺ 매일 큐티를 하십시오.

4 생명의 주
네 번째 만남

　예수 그리스도를 자신의 구세주로 믿고, 영접한 사람은 하나님의 자녀로 신분이 바뀌게 됩니다. 구원의 주체는 하나님이십니다. 구원을 위하여 하나님이 제시하신 방법은 예수 그리스도이시며, 우리가 취할 방법은 예수 그리스도를 나의 구주와 나의 하나님으로 믿고 영접하는 것입니다. 요20:28 그 결과로 우리는 죄 사함과 더불어 영원한 생명을 얻습니다. 이 모든 것은 우리를 향하신 하나님 아버지의 극진하신 사랑 때문에 이루어지는 것입니다.

　예수 그리스도를 보내주신 것은 우리를 구원에 이르게 하시는 하나님의 일방적인 선물입니다.

1. 예수님을 믿기 전 우리는 어떤 존재였습니까? 롬3:10, 3:23, 5:12

_____

_____

> **나눔** 예수님을 믿지 않는 사람들의 삶은 어떻습니까?
>
> ＊ 예수님이 없는 사람들의 특징을 찾아보십시오. 엡2:1-3

요20:28　도마가 대답하여 이르되 나의 주님이시요 나의 (　　) 이시니 이다

롬3:10　기록된 바 (　　) 은 없나니 하나도 없으며

롬3:23　모든 사람이 죄를 범하였으매 하나님의 (　　) 에 이르지 못하더니

롬5:12　그러므로 한 사람으로 말미암아 (　　) 가 세상에 들어오고 죄로 말미암아 (　　) 이 들어왔나니 이와 같이 모든 사람이 죄를 지었으므로 사망이 모든 사람에게 이르렀느니라

엡2:1-3　그는 허물과 죄로 죽었던 너희를 살리셨도다 그 때에 너희는 그 가운데서 행하여 이 세상 풍조를 따르고 (　　　　　　) 를 따랐으니 곧 지금 불순종의 아들들 가운데서 역사하는 영이라 전에는 우리도 다 그 가운데서 우리 육체의 욕심을 따라 지내며 육체와 마음의 원하는 것을 하여 다른 이들과 같이 본질상 진노의 자녀이었더니

2. 구원을 받기 위해 우리에게 필요한 것은 무엇입니까?
   요3:16, 롬10:9-10, 행2:21

   _____

   _____

   나눔 예수님을 믿게 된 동기는 무엇입니까?

   지금까지 자기 인생의 주인은 누구였습니까? 예수님만이 우리 삶의 주인이심을 인정하고 고백해야 합니다. 예수님을 믿고 영접한 사람은 신분이 바뀝니다.

3. 예수님을 믿고 영접한 사람은 어떤 신분이 됩니까? 롬3:24, 5:1, 5:19

   _____

   _____

   나눔 신분이 왜 중요한지 그 이유에 대해 나누어 보십시오.

4. 예수님을 영접한 사람들이 누리는 혜택이 무엇입니까?
   요5:24, 갈3:26, 빌3:20

   _____

   _____

   나눔 위에서 언급한 혜택 중 실제로 누리고 있는 것은 무엇입니까?

요3:16 　하나님이 세상을 이처럼 사랑하사 (　　　　)를 주셨으니 이는 그를 믿는 자마다 멸망하지 않고 영생을 얻게 하려 하심이라

롬10:9-10 　네가 만일 네 입으로 예수를 (　　　)로 시인하며 또 하나님께서 그를 죽은 자 가운데서 살리신 것을 네 마음에 믿으면 구원을 받으리라 사람이 마음으로 믿어 의에 이르고 입으로 시인하여 구원에 이르느니라

행2:21 　누구든지 주의 (　　　)을 부르는 자는 구원을 받으리라 하였느니라

롬3:24 　그리스도 예수 안에 있는 (　　　)으로 말미암아 하나님의 은혜로 값 없이 의롭다 하심을 얻은 자 되었느니라

롬5:1 　그러므로 우리가 믿음으로 의롭다 하심을 받았으니 우리 주 예수 그리스도로 말미암아 하나님과 (　　　)을 누리자

롬5:19 　한 사람이 순종하지 아니함으로 많은 사람이 죄인 된 것 같이 한 사람이 순종하심으로 많은 사람이 (　　　)이 되리라

요5:24 　내가 진실로 진실로 너희에게 이르노니 내 말을 듣고 또 나 보내신 이를 믿는 자는 영생을 얻었고 (　　　)에 이르지 아니하나니 사망에서 생명으로 옮겼느니라

갈3:26 　너희가 다 믿음으로 말미암아 (　　　　) 예수 안에서 하나님의 아들이 되었으니

빌3:20 　그러나 우리의 (　　　)은 하늘에 있는지라 거기로부터 구원하는 자 곧 주 예수 그리스도를 기다리노니

5. 예수님을 영접하고 하나님의 자녀가 된 사람들에게 나타나는 반응은 무엇입니까? 롬5:10-11, 살전5:16-18, 요일4:11

_____

_____

나눔 당신은 예수님을 믿고 영접하여 구원의 기쁨과 감격을 누리고 있습니까?

6. 예수님을 구주로 영접한 사람들은 어떤 삶을 살게 됩니까?
마28:19-20, 고후5:15, 요일3:16

_____

_____

나눔 당신은 예수님을 믿고 무엇이 변했습니까? (가치관, 언어, 습관, 관계, 비전)

7. 예수님으로 인해 받은 구원을 잃어버릴 수 있습니까?
요10:28-29, 롬8:38-39

_____

_____

나눔 하나님이 나의 구원을 포기하지 않으신다는 사실을 어떻게 받아들이십니까?

    믿음이 나로부터 시작되었다면 얼마든지 무너질 수 있습니다. 우리가 얼마나 결심과 각오를 잘합니까? 그것이 얼마나 유지됩니까? 믿음은 하나님께로부터 시작되었습니다. 그리고 지금도 우리를 붙잡고 계십니다. 그런 우리를 하나님의 손에서 빼앗을 자는 아무도 없습니다. 하나님께서 지켜주십니다.

롬5:10-11 곧 우리가 원수 되었을 때에 그의 (　　　)의 죽으심으로 말미암아 하나님과 화목하게 되었은즉 화목하게 된 자로서는 더욱 그의 살아나심으로 말미암아 구원을 받을 것이니라 그뿐 아니라 이제 우리로 화목하게 하신 우리 주 예수 그리스도로 말미암아 하나님 안에서 또한 즐거워하느니라

살전5:16-18 항상 기뻐하라 쉬지 말고 기도하라 범사에 감사하라 이것이 그리스도 예수 안에서 너희를 향하신 (　　　　　)이니라

요일4:11 사랑하는 자들아 하나님이 이같이 우리를 (　　　)하셨은즉 우리도 서로 사랑하는 것이 마땅하도다

마28:19-20 그러므로 너희는 가서 모든 (　　　)을 제자로 삼아 아버지와 아들과 성령의 이름으로 세례를 베풀고 내가 너희에게 분부한 모든 것을 가르쳐 지키게 하라 볼지어다 내가 세상 끝날까지 너희와 항상 함께 있으리라 하시니라

고후5:15 그가 모든 사람을 대신하여 (　　　　)은 살아 있는 자들로 하여금 다시는 그들 자신을 위하여 살지 않고 오직 그들을 대신하여 죽었다가 다시 살아나신 이를 위하여 살게 하려 함이라

요일3:16 그가 우리를 위하여 목숨을 버리셨으니 우리가 이로써 (　　　)을 알고 우리도 형제들을 위하여 목숨을 버리는 것이 마땅하니라

요10:28-29 내가 그들에게 영생을 주노니 영원히 멸망하지 아니할 것이요 또 그들을 내 손에서 빼앗을 자가 없느니라 그들을 주신 내 (　　　)는 만물보다 크시매 아무도 아버지 손에서 빼앗을 수 없느니라

롬8:38-39 내가 확신하노니 사망이나 생명이나 천사들이나 권세자들이나 현재 일이나 장래 일이나 능력이나 높음이나 깊음이나 다른 어떤 (　　　)이라도 우리를 우리 주 그리스도 예수 안에 있는 하나님의 사랑에서 끊을 수 없으리라

8. 생명이신 예수님이 지금 당신 안에 계십니까? 요14:20, 요일5:11-13

_____

_____

　영적 정체성의 변화 : 믿음으로 의인이라 불리는 것을 칭의 라고 합니다. 죄로 인해 영원한 사망으로 갈 수 밖에 없었던 우리가 예수님을 구주로 영접하게 되면 하나님이 예수님의 의를 우리에게 덧입혀 주십니다. 즉 예수님의 완전한 의로우심 안에 우리가 있게 되는 것입니다. 예수님의 의로우심을 입은 우리는 더 이상 죄인이라고 정죄되는 것이 아니라 하나님의 법정에서 의인이라고 선언됩니다. 하지만 예수님을 영접하여 칭의 된 우리들에게도 여전히 죄의 본성이 남아있습니다.

　이렇게 남아 있는 죄의 본성은 성화의 과정을 통하여 다듬어지다가 죽음과 부활을 통해 완전히 사라지게 됩니다. 칭의가 하나님 앞에서 우리를 의로운 신분으로 변화시킨 사건이라면, 성화는 우리의 본성이 예수 그리스도를 닮아 거룩해져 가는 과정입니다. 칭의와 성화는 믿음으로 예수님과 연합한 자들에게 주어지는 특별한 혜택입니다.

요14:20 그 날에는 내가 (   ) 안에, 너희가 내 안에, 내가 너희 안에 있는 것을 너희가 알리라

요일5:11-13 또 증거는 이것이니 하나님이 우리에게 영생을 주신 것과 이 (   )이 그의 아들 안에 있는 그것이니라 아들이 있는 자에게는 생명이 있고 하나님의 아들이 없는 자에게는 생명이 없느니라 내가 하나님의 아들의 이름을 믿는 너희에게 이것을 쓰는 것은 너희로 하여금 너희에게 (   )이 있음을 알게 하려 함이라

다섯 번째 만남

성령

생활 숙제

1. 요14장을 읽으십시오.
2. 요14:16-17을 암송하십시오.
3. 다섯 번째 만남을 예습하십시오.
4. 주일설교를 요약하십시오.
5. 매일 큐티를 하십시오.

5 성령

다섯 번째 만남

하나님이 우리에게 주신 가장 귀한 선물은 예수 그리스도입니다. 예수님의 십자가 대속으로 인해 우리는 용서와 더불어 하나님의 자녀가 되었으며 영원한 생명을 얻었습니다. 예수님은 우리를 구원하시고자 십자가 위에서 모든 법적인 처리를 이루어 놓으셨습니다. 이 사실을 우리로 하여금 깨닫게 하고, 믿고 확신케 하며, 구원의 기쁨과 감격을 누리게 하시는 분이 성령님입니다. 성령님은 성부 하나님과 성자 예수님의 영이십니다. 성령님은 영이시기 때문에 보이는 형체도 없고 만질 수도 없습니다. 하지만 시간과 공간을 초월해서서 역사하시는 무소부재하신 분이시며, 지성, 감성, 의지를 지닌 인격체이십니다.

성령님은 성부 하나님께서 세상을 창조하실 때도 함께 계셨고, 성자 예수님이 십자가에 죽으시고 부활하셨을 때도 함께 계셨던 삼위일체 하나님이십니다.

삼위일체 하나님은 믿음의 대상이지 이해의 대상이 아닙니다. 삼위일체 하나님을 논리적으로 설명하기란 쉽지 않습니다. 그러나 믿으면 깨닫게 됩니다. 구별은 되나 분리되지 않은 상태, 즉 삼위일체란 셋으로 구별되나 분리되지 않은 상태로, 하나님의 본질은 하나이지만 세 개의 위격(휘포스타시스 Hypostasis)이 존재하는 것을 말합니다.

1. 성령님은 어떤 분입니까? 요14:16-17, 16:13-14, 롬8:9, 요일5:5-6

나눔 성령을 받으셨습니까?

요14:16-17 내가 아버지께 구하겠으니 그가 또 다른 (   )를 너희에게 주사 영원토록 너희와 함께 있게 하리니 그는 (   ) 이라 세상은 능히 그를 받지 못하나니 이는 그를 보지도 못하고 알지도 못함이라 그러나 너희는 그를 아나니 그는 너희와 함께 거하심이요 또 너희 속에 계시겠음이라

요16:13-14 그러나 (   )이 오시면 그가 너희를 모든 진리 가운데로 인도하시리니 그가 스스로 말하지 않고 오직 들은 것을 말하며 장래 일을 너희에게 알리시리라 그가 내 영광을 나타내리니 내 것을 가지고 너희에게 알리시겠음이라

롬 8:9 만일 너희 속에 하나님의 영이 거하시면 너희가 육신에 있지 아니하고 영에 있나니 누구든지 (   )이 없으면 그리스도의 사람이 아니라

요일5:5-6 예수께서 하나님의 아들이심을 믿는 자가 아니면 세상을 이기는 자가 누구냐 이는 물과 피로 임하신 이시니 곧 예수 그리스도시라 물로만 아니요 물과 피로 임하셨고 (   )는 성령이시니 성령은 (   )니라

삼위일체에 대하여 어렵다고 생각할 필요도 없고 너무 깊이 들어 갈 필요도 없습니다. 성부 하나님, 성자 예수님, 성령 하나님은 신비적 연합입니다. 삼위는 모습만 바꾼 것이 아니라, 서로 다른 위격을 가지고 있으면서 한분 하나님으로 존재하십니다. 삼위일체는 있는 그대로 받아들이는 것이 중요합니다.

기독교 신앙은 유일신 신앙입니다. 그런데 유일하신 한분 하나님은 성부와 성자와 성령, 세 인격의 연합체로 존재하십니다. 다시 말하여 한분 하나님이 단일 인격적 존재가 아니라 셋이라는 다양한 인격의 연합체라는 뜻입니다. 성부와 성자와 성령, 세 위격은 동일한 신적 본질을 공유하고 계십니다. 그리고 영광과 존귀와 권위에 있어서 완전히 동등하십니다. 그러나 성부와 성자와 성령은 서로 구별되시는 위격입니다. 이렇게 구별되는 세 위격의 통일체가 영원하신 한분 하나님이시라는 사실이 우리 기독교 신앙과 다른 종교들을 절대적으로 구별해 주는 점입니다.

세 위격이 통일체를 이루고 있다는 것은 상호내주, 혹은 상호침투, 상호참여라는 뜻으로 이해될 수 있습니다. 즉 성부와 성자와 성령 세 인격이 구별되시지만 성부는 성자와 성령 안에, 성자는 성부와 성령 안에, 성령은 성부와 성자 안에 내주해 계시기 때문에 서로가 결코 분리될 수 없는 완전한 통일체를 이루고 계신다는 의미입니다. 삼위간의 영원한 상호내주는 요한복음에서 찾아볼 수 있는데, 예수님은 당신이 아버지 안에 계시고, 아버지가 당신 안에 계시다는 것과 아버지와 나는 하나이다 요10:30, 38 라고 말씀하는 것에서 확인할 수 있습니다.

2. 성령님은 어떤 일을 하십니까?
   1) 요15:26, 고전12:3

   _____

   2) 요14:26, 롬8:15-16

   _____

요15:26 내가 아버지께로부터 너희에게 보낼 (   ) 곧 아버지께로부터 나오시는 진리의 성령이 오실 때에 그가 나를 증언하실 것이요

고전12:3 그러므로 내가 너희에게 알리노니 하나님의 영으로 말하는 자는 누구든지 예수를 저주할 자라 하지 아니하고 또 (   )으로 아니하고는 누구든지 예수를 주시라 할 수 없느니라

요14:26 보혜사 곧 아버지께서 내 이름으로 보내실 성령 그가 너희에게 모든 것을 (   ) 내가 너희에게 말한 모든 것을 생각나게 하리라

롬8:15-16 너희는 다시 무서워하는 종의 영을 받지 아니하고 (   )을 받았으므로 우리가 아빠 아버지라고 부르짖느니라 성령이 친히 우리의 영과 더불어 우리가 하나님의 자녀인 것을 증언하시나니

* 성부 하나님과 성자 예수님 구별 막10:17-18, 동일 요10:30
* 성자 예수님과 성령 하나님 구별 요16:7, 동일 갈4:6
* 성령 하나님과 성부 하나님 구별 요14:16, 동일 행5:3-4

3) 요16:8

_____

_____

4) 롬8:26, 요7:37-38

_____

_____

5) 고전12:4-11, 엡4:11-12

_____

_____

나눔 위에서 언급된 성령님의 사역 중 새롭게 알게 된 것은 무엇입니까?

　　성령님의 또 다른 이름은 '보혜사(파라클레토스 Parakletos)'이십니다. 그 뜻은 "돕기 위하여 부르심을 받아 항상 곁에 계신 이"라는 의미입니다. 보혜사 성령께서 항상 곁에 계시다고 해서 늘 성령 충만한 상태로 살게 될 것을 의미하는 것은 아닙니다. 우리 안에 내주하시는 성령은 우리의 죄악과 교만을 책망하시기도 하시며, 우리가 잘못 가던 길에서 돌아서기를 기다려 주시기도 하시고, 말할 수 없는 탄식으로 친히 간구하시기도 합니다. 때때로 우리는 성령이 우리를 떠나신 것이 아닐까 의심할 때가 많이 있습니다. 특히 본의 아니게 죄를 지은 후 더욱더 그런 생각을 합니다. 성령은 결코 우리를 떠나지 않습니다. 그렇기에 우리는 성령을 근심시키는 일을 하지 않아야 합니다.

요16:8 　그가 와서 죄에 대하여, 의에 대하여, 심판에 대하여 세상을 (　　　)하시리라

롬8:26 　이와 같이 성령도 우리의 연약함을 도우시나니 우리는 마땅히 기도할 바를 알지 못하나 오직 성령이 말할 수 없는 (　　　)으로 우리를 위하여 친히 간구하시느니라

요7:37-38 　명절 끝날 곧 큰 날에 예수께서 서서 외쳐 이르시되 누구든지 목마르거든 내게로 와서 마시라 나를 믿는 자는 성경에 이름과 같이 그 배에서 (　　　　　)이 흘러나오리라 하시니

고전12:4-11 　은사는 여러 가지나 성령은 같고 직분은 여러 가지나 주는 같으며 또 사역은 여러 가지나 모든 것을 모든 사람 가운데서 이루시는 하나님은 같으니 각 사람에게 성령을 나타내심은 유익하게 하려 하심이라 어떤 사람에게는 성령으로 말미암아 (　　　　　)을, 어떤 사람에게는 같은 성령을 따라 지식의 말씀을, 다른 사람에게는 같은 성령으로 믿음을, 어떤 사람에게는 한 성령으로 (　　　　　)를, 어떤 사람에게는 능력 행함을, 어떤 사람에게는 예언함을, 어떤 사람에게는 영들 분별함을, 다른 사람에게는 각종 방언 말함을, 어떤 사람에게는 방언들 통역함을 주시나니 이 모든 일은 같은 한 성령이 행하사 그의 뜻대로 각 사람에게 나누어 주시는 것이니라

엡4:11-12 　그가 어떤 사람은 사도로, 어떤 사람은 선지자로, 어떤 사람은 복음 전하는 자로, 어떤 사람은 (　　　　　)로 삼으셨으니 이는 성도를 온전하게 하여 봉사의 일을 하게 하며 그리스도의 몸을 세우려 하심이라

3. 우리 각 사람 가운데 내주하시는 성령님이 상황에 따라 떠나가실 수 있습니까? 엡4:30

_____

_____

> 나눔 성령님이 나와 함께 하지 않는다고 실망한 적은 없습니까?

4. 예수님의 제자들은 언제 성령 충만을 받았습니까?
   행1:14, 2:1-4, 10:44-45

_____

_____

> 나눔 당신은 성령 충만을 사모하여 구체적인 행동을 한 적이 있습니까?

　이천년 전에 골고다 언덕의 십자가 위에서 이루어진 사건을 현재의 시간과 공간 속에서 나의 것으로 만들어 주시고 누리게 하시는 분이 성령님입니다. 구약시대에 성령은 하나님의 백성 가운데 소수의 사람에게 일시적으로 임하셨습니다. 그러나 성령님은 오순절 성령강림 사건 이후 예수를 믿고 영접한 모든 자에게 임하시고 거하시며 영원토록 함께 하십니다.

5. 성령 충만이란 무엇입니까? 엡5:18-21

_____

_____

> 나눔 지금까지 나는 무엇으로 충만했습니까?

엡4:30 하나님의 성령을 (　　)하게 하지 말라 그 안에서 너희가 구원의 날까지 인치심을 받았느니라

행1:14 여자들과 예수의 어머니 마리아와 예수의 아우들과 더불어 마음을 같이하여 오로지 (　　)에 힘쓰더라

행2:1-4 오순절 날이 이미 이르매 그들이 다같이 한 곳에 모였더니 홀연히 하늘로부터 급하고 강한 바람 같은 소리가 있어 그들이 앉은 온 집에 가득하며 마치 (　　)처럼 갈라지는 것들이 그들에게 보여 각 사람 위에 하나씩 임하여 있더니 그들이 다 성령의 충만함을 받고 성령이 말하게 하심을 따라 다른 (　　)들로 말하기를 시작하니라

행10:44-45 베드로가 이 말을 할 때에 성령이 말씀 듣는 모든 사람에게 내려 오시니 베드로와 함께 온 할례 받은 신자들이 (　　)들에게도 성령 부어 주심으로 말미암아 놀라니

엡5:18-21 술 취하지 말라 이는 방탕한 것이니 오직 성령으로 충만함을 받으라 시와 찬송과 (　　)들로 서로 화답하며 너희의 마음으로 주께 노래하며 찬송하며 범사에 우리 주 예수 그리스도의 이름으로 항상 아버지 하나님께 감사하며 그리스도를 경외함으로 피차 복종하라

성령 충만한 사람은 자신의 모든 삶 속에서 하나님을 의식하며 살아갑니다. 또한 예수 그리스도의 인격과 성품 그리고 사랑이 드러납니다. 술은 사람의 이성을 잃게 하지만 성령은 타락한 이성을 회복시킵니다.

6. 성령 충만을 받아야 되는 이유가 무엇입니까? 육체의 소욕을 이기려면 어떻게 해야 합니까? 롬7:22-25, 8:5-8, 8:13-14, 갈5:17

_____

_____

나눔 성령으로 충만하지 않은 신앙생활에는 어떤 문제가 나타납니까?

7. 성령의 충만함을 받은 사람들은 어떤 삶을 살아갑니까?
   행1:8, 2:42, 4:31, 갈5:22-23

_____

_____

나눔 위에서 언급된 성령 충만이 당신에게는 어떻게 나타납니까? 없다면, 무엇을 사모하십니까?

성령님은 삼위일체 하나님이시고 인격자이십니다. 모든 분야에서 그분의 주권과 통치권을 인정하고 우리의 삶을 다스려 주시기를 원할 때 우리 가운데 충만히 임하실 것입니다. 보혜사 성령님은 언제 어디서나 우리와 함께 하십니다. 눈동자 같이 우리를 지키시고 보호하시는 무소부재하신 성부와 성자의 영이십니다.

롬7:22-25 내 속사람으로는 하나님의 법을 즐거워하되 내 지체 속에서 한 다른 법이 내 마음의 법과 싸워 내 지체 속에 있는 (   ) 으로 나를 사로잡는 것을 보는도다 오호라 나는 곤고한 사람이로다 이 사망의 몸에서 누가 나를 건져내랴 우리 주 예수 그리스도로 말미암아 하나님께 감사하리로다 그런즉 내 자신이 마음으로는 하나님의 법을 육신으로는 죄의 법을 섬기노라

롬8:5-8 육신을 따르는 자는 육신의 일을, 영을 따르는 자는 영의 일을 생각하나니 육신의 생각은 사망이요 영의 생각은 (   ) 이니라 육신의 생각은 하나님과 원수가 되나니 이는 하나님의 법에 굴복하지 아니할 뿐 아니라 할 수도 없음이라 육신에 있는 자들은 하나님을 기쁘시게 할 수 없느니라

롬8:13-14 너희가 육신대로 살면 반드시 죽을 것이로되 영으로써 (   )을 죽이면 살리니 무릇 하나님의 영으로 인도함을 받는 사람은 곧 하나님의 아들이라

갈5:17 육체의 소욕은 성령을 (   ) 성령은 육체를 거스르나니 이 둘이 서로 대적함으로 너희가 원하는 것을 하지 못하게 하려 함이니라

행1:8 오직 성령이 너희에게 임하시면 너희가 권능을 받고 (   )과 온 유대와 사마리아와 땅 끝까지 이르러 내 증인이 되리라 하시니라

행2:42 그들이 사도의 가르침을 받아 서로 (   )하고 떡을 떼며 오로지 기도하기를 힘쓰니라

행4:31 빌기를 다하매 모인 곳이 진동하더니 무리가 다 성령이 충만하여 담대히 (   )을 전하니라

갈5:22-23 오직 성령의 열매는 사랑과 희락과 화평과 (   )과 자비와 양선과 충성과 온유와 절제니 이같은 것을 금지할 법이 없느니라

다섯 번째 만남 / 성령

†

여섯 번째 만남

교회

생활 숙제

❶ 마16장을 읽으십시오.

❷ 마16:16-18을 암송하십시오.

❸ 여섯 번째 만남을 예습하십시오.

❹ 주일설교를 요약하십시오.

❺ 매일 큐티를 하십시오.

6 교회

여섯 번째 만남

　진정한 교회란 어떤 것입니까? 예수님은 베드로의 고백이 있은 직후 베드로를 향하여 "너는 베드로라 내가 이 반석 위에 내 교회를 세우리니 음부의 권세가 이기지 못하리라(마16:16-18)"고 말씀하셨습니다. 이처럼 진정한 교회는 예수를 그리스도로 고백하고 영접한 우리 성도들입니다. 그래서 바울은 "너희가 하나님의 성전인 것과 하나님의 성령이 너희 안에 계시는 것을 알지 못하느냐(고전3:16)"고 말했습니다. 그리스도가 이 땅에 오셔서 하나님의 나라를 선포하실 때에 사람들이 모일 수 있는 장소라면 어느 곳에서든지 가르치시고, 전파하시고, 고치셨습니다. 하나님을 예배하기 위하여 회중이 모이며, 말씀을 공부하고 신앙을 훈련하는 외형적인 건물도 중요합니다. 하지만 예수님을 주로 영접한 성도가 예수님이 공생애 기간 동안 하신 일(가르치고, 전파하고, 고치는)을 본 받는다면 그것이 진정한 교회입니다.

1. 구약에 나타난 예루살렘 성전에 대하여 요약해 보십시오.
　　대하6:18-21

_____

_____

　나눔　구약과 신약의 교회는 어떻게 다릅니까?

대하6:18-21 하나님이 참으로 사람과 함께 땅에 계시리이까 보소서 하늘과
(   )이라도 주를 용납하지 못하겠거든 하물며
내가 건축한 이 성전이오리이까 그러나 나의 하나님 여호와여
주의 종의 기도와 간구를 돌아보시며 주의 종이 주 앞에서
부르짖는 것과 비는 기도를 들으시옵소서
주께서 전에 말씀하시기를 내 이름을 거기에 두리라 하신 곳
이 성전을 향하여 주의 눈이 주야로 보시오며 종이 이 곳을 향하여
비는 기도를 들으시옵소서 주의 종과 주의 백성 (   )이
이 곳을 향하여 기도할 때에 주는 그 간구함을 들으시되 주께서
계신 곳 하늘에서 들으시고 들으시사 사하여 주옵소서

2. 교회란 무엇입니까? 마16:16, 고전1:2, 고전3:16-17

_____

_____

> 나눔 지금까지 무엇을 교회라고 생각했습니까?

3. 교회의 주인은 누구입니까? 엡1:22-23

_____

_____

> 나눔 당신은 교회의 머리이신 그리스도와 그의 몸된 교회 공동체에 적극적으로 참여하고 있습니까??

> * 교회는 헬라어로 "에클레시아(ekklesia)"라고 합니다. "에클레시아"는 '부름 받은 자'라는 뜻입니다."

4. 교회는 어떤 사람들의 모임입니까? 사43:1, 요15:16

_____

_____

> 나눔 내가 부름 받은 교회라는 사실을 어떻게 생각하십니까?

마16:16　시몬 베드로가 대답하여 이르되 주는 (　　　　)시요
　　　　　살아 계신 하나님의 아들이시니이다

고전1:2　고린도에 있는 하나님의 교회 곧 (　　　　　　) 안에서
　　　　　거룩하여지고 성도라 부르심을 받은 자들과 또 각처에서 우리의
　　　　　주 곧 그들과 우리의 주 되신 예수 그리스도의 이름을 부르는
　　　　　모든 자들에게

고전3:16-17 너희는 너희가 (　　　　　　)인 것과 하나님의 성령이
　　　　　너희 안에 계시는 것을 알지 못하느냐 누구든지 하나님의 성전을
　　　　　더럽히면 하나님이 그 사람을 멸하시리라 하나님의 성전은
　　　　　거룩하니 너희도 그러하니라

엡1:22-23 또 만물을 그의 발 아래에 복종하게 하시고 그를 만물 위에
　　　　　(　　　　　)로 삼으셨느니라
　　　　　교회는 그의 몸이니 만물 안에서 만물을 충만하게 하시는
　　　　　이의 충만함이니라

사43:1　야곱아 너를 창조하신 여호와께서 지금 말씀하시느니라
　　　　　(　　　　)아 너를 지으신 이가 말씀하시느니라
　　　　　너는 두려워하지 말라 내가 너를 구속하였고 내가 너를 지명하여
　　　　　불렀나니 너는 내 것이라

요15:16　너희가 나를 택한 것이 아니요 내가 너희를 택하여 세웠나니
　　　　　이는 너희로 가서 (　　　)를 맺게 하고 또 너희 열매가 항상
　　　　　있게 하여 내 이름으로 아버지께 무엇을 구하든지 다 받게 하려
　　　　　함이라

5. 교회를 이루고 있는 직분은 어떤 것들이 있으며, 직분을 세우신 이유는 무엇입니까? 왜 맡은 직분에 충성해야 합니까? 엡4:11-12

6. 교회는 모이는 교회와 흩어지는 교회의 두 가지 기능이 있습니다. 모이는 교회의 기능은 무엇입니까? 마6:33, 요4:23-24

6-1. 교회의 기능 중 가장 중요한 것은 하나님께 예배드리는 것입니다. 예배의 중요한 요소는 무엇인지 요약해 보십시오. 대상16:29, 행2:42, 골3:16

나눔 어떻게 드리는 예배가 하나님이 기뻐 받으시는 예배인지 나누십시오.

엡4:11-12 그가 어떤 사람은 사도로, 어떤 사람은 선지자로, 어떤 사람은 복음 전하는 자로, 어떤 사람은 (   )로 삼으셨으니 이는 성도를 온전하게 하여 봉사의 일을 하게 하며 그리스도의 몸을 세우려 하심이라

마6:33 그런즉 너희는 먼저 그의 (   )와 그의 의를 구하라 그리하면 이 모든 것을 너희에게 더하시리라

요4:23-24 아버지께 참되게 예배하는 자들은 (   )로 예배할 때가 오나니 곧 이 때라 아버지께서는 자기에게 이렇게 예배하는 자들을 찾으시느니라 하나님은 영이시니 예배하는 자가 영과 진리로 예배할지니라

대상16:29 여호와의 이름에 합당한 영광을 그에게 돌릴지어다 (   )을 들고 그 앞에 들어갈지어다 아름답고 거룩한 것으로 여호와께 경배할지어다

행2:42 그들이 사도의 가르침을 받아 서로 교제하고 (   )을 떼며 오로지 기도하기를 힘쓰니라

골3:16 그리스도의 (   )이 너희 속에 풍성히 거하여 모든 지혜로 피차 가르치며 권면하고 시와 찬송과 신령한 노래를 부르며 감사하는 마음으로 하나님을 찬양하고

7. 흩어지는 교회는 무엇을 말하며 기능은 무엇입니까?
   마4:23, 28:19-20, 요20:21

   ───────────────────────────────

   ───────────────────────────────

   나눔 나는 흩어지는 교회로서 어떤 삶을 살고 있습니까?

8. 예수님이 교회된 우리 각자에게 주신 약속은 무엇입니까?
   마16:18-19, 28:20

   ───────────────────────────────

   ───────────────────────────────

   나눔 예수님이 교회된 우리와 늘 동행하시고 인도하신다는 것을 믿습니까?

　　교회는 건물이 아닙니다. 예수님을 구세주로 고백하는 신앙공동체입니다. 교회는 그리스도께서 피 흘려 값 주고 사신 성도들 입니다. 교회는 예수 그리스도의 구원을 선포하고 전하는 은혜의 통로입니다. 그런 의미에서 교회는 세상의 소망입니다. 교회만이 어두운 세상에 빛을 밝히고, 상한 곳을 회복시킬 수 있는 유일한 곳입니다.

마4:23 예수께서 온 갈릴리에 두루 다니사 그들의 회당에서 가르치시며 천국 복음을 전파하시며 백성 중의 모든 병과 모든 약한 것을 고치시니

마28:19-20 그러므로 너희는 가서 모든 민족을 제자로 삼아 아버지와 아들과 (　　　　　)으로 세례를 베풀고 내가 너희에게 분부한 모든 것을 가르쳐 지키게 하라 볼지어다 내가 세상 끝날까지 너희와 항상 함께 있으리라 하시니라

요20:21 예수께서 또 이르시되 너희에게 (　　　)이 있을지어다 아버지께서 나를 보내신 것 같이 나도 너희를 보내노라

마16:18-19 또 내가 네게 이르노니 너는 (　　　　)라 내가 이 반석 위에 내 교회를 세우리니 음부의 권세가 이기지 못하리라 내가 천국 열쇠를 네게 주리니 네가 땅에서 무엇이든지 매면 하늘에서도 매일 것이요 네가 땅에서 무엇이든지 풀면 하늘에서도 풀리리라 하시고

마28:20 내가 너희에게 분부한 모든 것을 가르쳐 지키게 하라 볼지어다 내가 세상 끝날까지 너희와 (　　　) 함께 있으리라 하시니라

성장편

일곱 번째 만남

성례

생활 숙제

❶ 고후5장을 읽으십시오.
❷ 고후5:17을 암송하십시오.
❸ 일곱 번째 만남을 예습하십시오.
❹ 주일설교를 요약하십시오.
❺ 매일 큐티를 하십시오.

7 성례

일곱 번째 만남

기독교에는 성례전이라고 하는 아주 중요한 예식이 있습니다. 성례전은 세례와 성찬을 의미하는 것으로 거룩한 예식이라는 뜻을 가지고 있습니다. 십자가에 달려 죽으시고 부활하신 예수 그리스도를 구주로 영접한 성도들이 그리스도 예수와 연합되었다는 증표로서 예수님께서 직접 제정하신 기독교의 핵심 예식입니다.

◎ 세례

1. 세례의 의미는 무엇입니까? 막16:16, 롬6:4, 행2:38, 벧전3:21

   _____
   _____
   _____

   나눔 위에서 언급한 의미 중 세례에 대해 새롭게 알게 된 것은 무엇입니까?

2. 세례는 누구의 이름으로 행해집니까? 마28:19

   _____
   _____
   _____

   나눔 당신은 세례를 받으셨습니까? 언제 누구에게 받으셨습니까?

막16:16　믿고 세례를 받는 사람은 (　　　)을 얻을 것이요
　　　　 믿지 않는 사람은 정죄를 받으리라

롬6:4　그러므로 우리가 그의 죽으심과 합하여 (　　　)를 받음으로
　　　 그와 함께 장사되었나니 이는 아버지의 영광으로 말미암아
　　　 그리스도를 죽은 자 가운데서 살리심과 같이 우리로 하여금
　　　 새 생명 가운데서 행하게 하려 함이라

행2:38　베드로가 이르되 너희가 (　　　)하여 각각 예수 그리스도의
　　　　 이름으로 세례를 받고 죄 사함을 받으라
　　　　 그리하면 성령의 선물을 받으리니

벧전3:21　물은 예수 그리스도께서 (　　　　)으로 말미암아 이제 너희를
　　　　　 구원하는 표니 곧 세례라 이는 육체의 더러운 것을 제하여 버림이
　　　　　 아니요 하나님을 향한 선한 양심의 간구니라

마28:19　그러므로 너희는 가서 모든 민족을 제자로 삼아 (　　　)와
　　　　 (　　　)과 (　　　)의 이름으로 세례를 베풀고

3. 세례를 통해 새롭게 변화된 우리는 어떤 신분을 소유하게 되었습니까? 새롭게 하시는 분은 누구이십니까? 롬6:11, 고후5:17

_____

_____

> **나눔** 주님이 세례를 통해 우리를 새롭게 하신다는 것을 믿으십니까?
> 그렇다면 어떻게 경험하셨습니까?

4. 세례는 그리스도 예수와 하나 되는 연합을 의미합니다.
자신도 그리스도와 연합되었음을 확신하십니까? 갈3:27, 골2:12

_____

_____

> **나눔** 예수 그리스도와의 연합을 언제 경험하십니까?

세례는 그리스도인 개개인이 은혜로 하나님 언약 백성이 되었음을 확인하는 증표입니다. 그리스도 예수 안에서 새로운 피조물이 되었음을 하나님과 교회 앞에서 공표하는 복된 예식입니다.

◎ 성찬

5. 성찬의 의미는 무엇입니까? 고전10:16-17

_____

_____

> **나눔** 어떤 마음으로 성찬에 참여하고 있습니까?

롬6:11　이와 같이 너희도 너희 자신을 죄에 대하여는 죽은 자요
　　　　（　　　　　）예수 안에서 하나님께 대하여는 살아 있는 자로
　　　　여길지어다

고후5:17　그런즉 누구든지 그리스도 안에 있으면 새로운 （　　　）이라
　　　　이전 것은 지나갔으니 보라 새 것이 되었도다

갈3:27　누구든지 그리스도와 합하기 위하여 （　　）를 받은 자는
　　　　그리스도로 옷 입었느니라

골2:12　너희가 세례로 그리스도와 함께 （　　）되고 또 죽은 자들
　　　　가운데서 그를 일으키신 하나님의 역사를 믿음으로 말미암아 그
　　　　안에서 함께 일으키심을 받았느니라

고전10:16-17　우리가 축복하는 바 축복의 잔은 그리스도의 （　　）에 참여함이
　　　　　　아니며 우리가 떼는 떡은 그리스도의 （　　）에 참여함이 아니냐
　　　　　　떡이 하나요 많은 우리가 한 몸이니 이는 우리가 다 한 떡에
　　　　　　참여함이라

6. 성찬은 누가, 언제 제정하신 예식입니까? 마26:26-28

7. 성찬은 무엇을 기념하는 예식입니까? 눅22:19-20

8. 성찬에 참여하는 우리가 선포해야 할 내용은 무엇입니까? 고전11:26

9. 성찬의 떡과 포도주는 예수 그리스도의 몸과 피를 의미한다는 사실을 믿습니까? 요6:35, 요6:53-55

| 마26:26-28 | 그들이 먹을 때에 예수께서 떡을 가지사 축복하시고 떼어 제자들에게 주시며 이르시되 받아서 먹으라 이것은 내 몸이니라 하시고 또 잔을 가지사 감사 기도 하시고 그들에게 주시며 이르시되 너희가 다 이것을 마시라 이것은 죄 사함을 얻게 하려고 많은 사람을 위하여 흘리는 바 나의 피 곧 (　　　)니라 |

| 눅22:19-20 | 또 떡을 가져 감사 기도 하시고 떼어 그들에게 주시며 이르시되 이것은 너희를 위하여 주는 내 몸이라 너희가 이를 행하여 나를 (　　)하라 하시고 저녁 먹은 후에 잔도 그와 같이 하여 이르시되 이 잔은 내 피로 세우는 (　　　)이니 곧 너희를 위하여 붓는 것이라 |

| 고전11:26 | 너희가 이 떡을 먹으며 이 잔을 마실 때마다 주의 (　　　) 을 그가 오실 때까지 전하는 것이니라 |

| 요6:35 | 예수께서 이르시되 나는 (　　　)이니 내게 오는 자는 결코 주리지 아니할 터이요 나를 믿는 자는 영원히 목마르지 아니하리라 |
| 요6:53-55 | 예수께서 이르시되 내가 진실로 진실로 너희에게 이르노니 인자의 살을 먹지 아니하고 인자의 피를 마시지 아니하면 너희 속에 (　　)이 없느니라 내 살을 먹고 내 피를 마시는 자는 (　　)을 가졌고 마지막 날에 내가 그를 다시 살리리니 내 살은 참된 양식이요 내 피는 참된 음료로다 |

10. 성찬에 참여할 수 있는 자격은 무엇이며, 참여할 때 주의할 것은 무엇입니까? 고전11:27-29

_____

_____

_____

나눔 성찬에 참여하여 경험한 특별한 은혜가 있다면 나눠봅시다.

성례전은 예수 그리스도의 삶, 죽음, 부활과 성령의 임재를 통해 예수 안에서 하나 된 성도들이 어린양의 혼인잔치를 미리 맛보는 거룩한 예식입니다. 또한 하나님의 사랑이 얼마나 크고 놀라운지 우리가 직접 볼 수 있게 하신 은혜의 사건이며, 성도들 간의 공동체 의식을 확인하는 예식입니다.

고전11:27-29　그러므로 누구든지 주의 떡이나 잔을 합당하지 않게 먹고
　　　　　　마시는 자는 주의 몸과 피에 대하여 (　　)를 짓는 것이니라
　　　　　　사람이 자기를 살피고 그 후에야 이 떡을 먹고 이 잔을 마실지니
　　　　　　주의 몸을 분별하지 못하고 먹고 마시는 자는 자기의 죄를 먹고
　　　　　　마시는 것이니라

✝

여덟 번째 만남

성경

생활 숙제

❶ 요20장을 읽으시오.

❷ 요20:31을 암송하십시오.

❸ 여덟 번째 만남을 예습하십시오.

❹ 주일설교를 요약하십시오.

❺ 매일 큐티를 하십시오.

8 성경
여덟 번째 만남

　그리스도인이 하나님을 사랑한다는 것은 하나님의 말씀을 사랑한다는 말과 같은 것입니다. 말씀을 가까이하지 않으면서 하나님을 사랑한다는 것은 잘못된 것입니다. 성경 말씀속으로 들어가야 이제까지 참고, 안타깝게 나를 기다리시고 계셨던 하나님 아버지를 만날 수 있습니다. 탕자를 기다리시는 아버지의 사랑이 그 속에 녹아져 있는 것입니다. 하나님은 성경을 통하여 우리에게 말씀하십니다. 또한 성경은 그리스도인의 삶에 필수적인 매뉴얼입니다.
　성경이 내 삶에 어느 정도의 영향을 주고 있습니까?
　그리스도인으로 산다는 것은 이 땅에서의 삶이 영적전쟁 속에 놓여 있다는 것을 의미합니다. 영적전쟁을 하며 살아가야 하는 그리스도인에게 무기가 있어야 합니다. 그리스도인의 무기는 성경이며, 하나님의 말씀을 익숙하게 사용할 수 있는 훈련을 해야 합니다. 교회 된 성도가 세상과의 싸움에서 승리하려면 반드시 말씀의 인도를 받아야 합니다.

1. 성경은 언제, 누구에 의해 기록되었습니까?

　_____

　_____

　_____

성경의 개요

* 기록연대(1500-1600년간)
* 기록자(36-40여명)
* 저작의 이중성(하나님-사람)
* 기록자 간의 시대, 문화, 특성, 사회적 배경은 다르지만 모든 초점은 예수 그리스도께 맞추어져 있습니다.
* 성경은 총 66권으로 (구약) 39권-929장-대부분 히브리어, (신약) 27권-260장-헬라어, 예수 그리스도 강림 이전에 기록된 것을 구약, 강림 이후의 기록을 신약성경
* 등장인물(2,930명)
* 지명(1,551곳)
* 성경은 문학, 철학, 역사, 법률, 보건, 예술 등 모든 지식의 근원입니다. 가장 중요한 것은 우리의 구원자이신 예수님에 대하여 쓰여진 책입니다.
* 성경에 나타난 율법은 총 613개(Don't-365거, Do-248개)
* 사람의 본분 - 하나님을 경외하고 그 말씀을 지키는 것.

2. 성경의 기록 목적은 무엇입니까? 요5:39, 20:31

_____

_____

_____

나눔 당신이 성경을 읽는 목적은 무엇입니까?

* 요한복음에 나타난 예수님은 어떤 분입니까?
  요1:14, 6:35, 8:12, 10:7, 10:11, 11:25, 14:6, 15:1

요5:39 너희가 성경에서 영생을 얻는 줄 생각하고 성경을 연구하거니와 이 성경이 곧 (　　) 대하여 증언하는 것이니라

요20:31 오직 이것을 기록함은 너희로 예수께서 하나님의 아들 (　　　)이심을 믿게 하려 함이요 또 너희로 믿고 그 이름을 힘입어 생명을 얻게 하려 함이니라

요1:14 말씀이 육신이 되어 우리 가운데 거하시매 우리가 그의 영광을 보니 아버지의 (　　　)의 영광이요 은혜와 진리가 충만하더라

요6:35 예수께서 이르시되 나는 (　　　　)이니
내게 오는 자는 결코 주리지 아니할 터이요
나를 믿는 자는 영원히 목마르지 아니하리라

요8:12 예수께서 또 말씀하여 이르시되 나는 (　　　) 빛이니
나를 따르는 자는 어둠에 다니지 아니하고 생명의 빛을 얻으리라

요10:7 그러므로 예수께서 다시 이르시되 내가 진실로 진실로 너희에게 말하노니 나는 (　　　)이라

요10:11 나는 (　　　　)라 선한 목자는 양들을 위하여 목숨을 버리거니와

요11:25 예수께서 이르시되 나는 (　　　)이요 생명이니 나를 믿는 자는 죽어도 살겠고

요14:6 예수께서 이르시되 내가 곧 길이요 (　　)요 (　　　)이니
나로 말미암지 않고는 아버지께로 올 자가 없느니라

요15:1 나는 참포도나무요 내 아버지는 (　　　)라

3. 성경이 가지고 있는 4가지 기능과 목표는 무엇입니까? 딤후3:16-17

   _____
   _____
   _____

   나눔 삶에서 말씀을 얼마나 적용하고 있습니까?

4. 성경공부를 해야 하는 이유가 무엇입니까?

   1) 출3:14, 호6:3,6, 요1:1, 요일5:20

   _____
   _____
   _____

   2) 창1:26-27, 2:7, 롬3:23-24

   _____
   _____
   _____

딤후3:16-17 　모든 성경은 하나님의 감동으로 된 것으로 (　　　)과 책망과 바르게 함과 의로 교육하기에 유익하니 이는 하나님의 사람으로 온전하게 하며 모든 (　　　) 일을 행할 능력을 갖추게 하려 함이라

출3:14 　하나님이 모세에게 이르시되 나는 스스로 있는 자이니라 또 이르시되 너는 (　　　) 자손에게 이같이 이르기를 스스로 있는 자가 나를 너희에게 보내셨다 하라

호6:3,6 　그러므로 우리가 여호와를 알자 힘써 여호와를 알자, 나는 인애를 원하고 (　　　)를 원하지 아니하며 번제보다 하나님을 아는 것을 원하노라

요1:1 　태초에 (　　　)이 계시니라 이 말씀이 하나님과 함께 계셨으니 이 말씀은 곧 하나님이시니라

요일5:20 　또 아는 것은 하나님의 아들이 이르러 우리에게 지각을 주사 우리로 (　　　)를 알게 하신 것과 또한 우리가 참된 자 곧 그의 아들 예수 그리스도 안에 있는 것이니 그는 참 하나님이시요 영생이시라

창1:26-27 　하나님이 이르시되 우리의 (　　　)을 따라 우리의 (　　　)대로 우리가 사람을 만들고 그들로 바다의 물고기와 하늘의 새와 가축과 온 땅과 땅에 기는 모든 것을 다스리게 하자 하시고 하나님이 자기 형상 곧 하나님의 형상대로 사람을 창조하시되 남자와 여자를 창조하시고

창2:7 　여호와 하나님이 땅의 흙으로 사람을 지으시고 (　　　)를 그 코에 불어넣으시니 사람이 생령이 되니라

롬3:23-24 　모든 사람이 죄를 범하였으매 하나님의 영광에 이르지 못하더니 그리스도 예수 안에 있는 속량으로 말미암아 하나님의 (　　　)로 값 없이 의롭다 하심을 얻은 자 되었느니라

3) 마28:18-20, 행1:8, 살전5:16-18

    나눔 성경공부의 필요성을 느낀 적이 있습니까?

5. 성경말씀을 어떤 마음가짐으로 대해야 합니까?
   신11:8, 시119:127, 잠2:4-5, 행17:11, 벧전2:2

    나눔 당신에게 성경은 어떤 의미의 책입니까?

마28:18-20 예수께서 나아와 말씀하여 이르시되 하늘과 땅의 모든 권세를 내게 주셨으니 그러므로 너희는 가서 모든 민족을 (   )로 삼아 아버지와 아들과 성령의 이름으로 세례를 베풀고 내가 너희에게 분부한 모든 것을 가르쳐 지키게 하라 볼지어다 내가 세상 끝날까지 너희와 항상 함께 있으리라 하시니라

행1:8 오직 성령이 너희에게 임하시면 너희가 권능을 받고 예루살렘과 온 유대와 사마리아와 땅 끝까지 이르러 내 (   )이 되리라 하시니라

엡2:4-7 긍휼이 풍성하신 하나님이 우리를 사랑하신 그 (   )을 인하여 허물로 죽은 우리를 그리스도와 함께 살리셨고 (너희는 은혜로 구원을 받은 것이라) 또 함께 일으키사 그리스도 예수 안에서 함께 하늘에 앉히시니 이는 그리스도 예수 안에서 우리에게 자비하심으로써 그 은혜의 지극히 풍성함을 오는 여러 세대에 나타내려 하심이라

살전5:16-18 항상 기뻐하라 쉬지 말고 기도하라 범사에 감사하라 이것이 그리스도 예수 안에서 너희를 향하신 (   )이니라

신11:8 그러므로 너희는 내가 오늘 너희에게 명하는 모든 (   )을 지키라 그리하면 너희가 강성할 것이요 너희가 건너가 차지할 땅에 들어가서 그것을 차지할 것이며

시119:127 그러므로 내가 주의 (   )들을 금 곧 순금보다 더 사랑하나이다

잠2:4-5 은을 구하는 것 같이 그것을 구하며 감추어진 보배를 찾는 것 같이 그것을 찾으면 여호와 (   )하기를 깨달으며 하나님을 알게 되나니

행17:11 베뢰아에 있는 사람들은 데살로니가에 있는 사람들보다 더 너그러워서 간절한 마음으로 말씀을 받고 이것이 그러한가 하여 날마다 (   )을 상고하므로

벧전2:2 갓난 아기들 같이 순전하고 신령한 젖을 사모하라 이는 그로 말미암아 너희로 (   )에 이르도록 자라게 하려 함이라

6. 성경 말씀과 동행하는 삶을 살아갈 때 어떤 유익이 있습니까?
시119:97-105, 엡4:13-14, 히4:12

_____

_____

_____

나눔 말씀이 자신을 회복시킨 경험을 나누십시오.

시119:97-105 내가 주의 법을 어찌 그리 사랑하는지요
내가 그것을 종일 작은 소리로 읊조리나이다
주의 계명들이 항상 나와 함께 하므로 그것들이 나를 원수보다
지혜롭게 하나이다
내가 주의 증거들을 늘 읊조리므로 나의 명철함이 나의 모든
스승보다 나으며 주의 (   )들을 지키므로 나의 명철함이
노인보다 나으니이다
내가 주의 말씀을 지키려고 발을 금하여 모든 악한 길로 가지
아니하였사오며 주께서 나를 가르치셨으므로
내가 주의 규례들에서 떠나지 아니하였나이다 주의 말씀의
맛이 내게 어찌 그리 단지요 내 입에 꿀보다 더 다니이다
주의 법도들로 말미암아 내가 명철하게 되었으므로 모든 거짓
행위를 미워하나이다 주의 말씀은 내 발에 (   )이요
내 길에 빛이니이다

엡4:13-14 우리가 다 하나님의 아들을 믿는 것과 아는 일에 하나가 되어
온전한 사람을 이루어 (   )의 장성한
분량이 (   )한 데까지 이르리니 이는 우리가 이제부터
어린 아이가 되지 아니하여 사람의 속임수와 간사한 유혹에
빠져 온갖 교훈의 풍조에 밀려 요동하지 않게 하려 함이라

히4:12 하나님의 말씀은 살아 있고 활력이 있어 좌우에 날선 어떤
검보다도 예리하여 (   )과 및 관절과 골수를 찔러
쪼개기까지 하며 또 마음의 생각과 뜻을 판단하나니

7. 성경에서 말하고 있는 "복"의 개념은 무엇입니까?
   신30:9-10, 시1:1-3, 수1:8

   _____

   _____

   _____

   나눔 당신은 이제까지 무엇을 복이라고 생각하셨습니까?

인생의 문제 앞에서 말씀을 붙잡고 산다는 것은 쉽지 않은 일입니다. 그럼에도 불구하고 하나님의 백성은 말씀을 붙들고 살아야 합니다. 말씀을 막는 장애물들을 과감히 제거해야 합니다. 말씀 없이 누리는 복은 복이 아닙니다.

8. 우리가 말씀 앞으로 나가려 할 때 무엇이 방해합니까?
   마13:18-22, 요일2:16

   _____

   _____

   _____

   나눔 나를 말씀에서 멀어지게 하는 요인이 있다면 무엇입니까?

신30:9-10 네가 네 하나님 여호와의 말씀을 청종하여 이 (   )에
기록된 그의 명령과 규례를 지키고 네 마음을 다하며 뜻을 다하여
여호와 네 하나님께 돌아오면 네 하나님 여호와께서 네 손으로
하는 모든 일과 네 몸의 소생과 네 가축의 새끼와 네 토지 소산을
많게 하시고 네게 복을 주시되 곧 (   )께서 네 조상들을
기뻐하신 것과 같이 너를 다시 기뻐하사 네게 복을 주시리라

시1:1-3 복 있는 사람은 악인들의 꾀를 따르지 아니하며 죄인들의 길에
서지 아니하며 오만한 자들의 자리에 앉지 아니하고 오직 여호와의
(   )을 즐거워하여 그의 율법을 주야로 묵상하는도다 그는
시냇가에 심은 나무가 철을 따라 열매를 맺으며 그 잎사귀가
마르지 아니함 같으니 그가 하는 모든 일이 다 (   )하리로다

수1:8 이 율법책을 네 입에서 떠나지 말게 하며 주야로 그것을 (   )
하여 그 안에 기록된 대로 다 지켜 행하라 그리하면 네 길이 평탄
하게 될 것이며 네가 형통하리라

마13:18-22 그런즉 씨 뿌리는 비유를 들으라 아무나 천국 말씀을 듣고 깨닫지
못할 때는 악한 자가 와서 그 마음에 뿌려진 것을 빼앗나니 이는
곧 길 가에 뿌려진 자요 돌밭에 뿌려졌다는 것은 말씀을 듣고
즉시 기쁨으로 받되 그 속에 뿌리가 없어 잠시 견디다가 말씀으로
말미암아 (   )이나 (   )가 일어날 때에는 곧 넘어지는 자요
가시떨기에 뿌려졌다는 것은 말씀을 들으나 세상의 염려와 재물
의 유혹에 말씀이 막혀 결실하지 못하는 자요 이는 세상에 있는
모든 것이 육신의 정욕과 안목의 정욕과 이생의 자랑이니
다 아버지께로부터 온 것이 아니요 세상으로부터 온 것이라

요일2:16 이는 세상에 있는 모든 것이 육신의 정욕과 (   )과
이생의 자랑이니 다 아버지께로부터 온 것이 아니요 세상으로부터
온 것이라

9. 왜 고난 속에서도 하나님의 말씀을 붙들어야 합니까?
   시119:71, 92, 105, 130, 마6:33

   _____

   _____

   _____

   나눔 말씀이 나를 위기에서 건져준 경험이 있다면 나눠봅시다.

성경을 가르치지 않는 것은 성도들로 하여금 무기 없이 전쟁에 참여하게 하는 것과 같습니다. 성도들이 말씀으로 훈련되어야 신앙이 요동치지 않고 신앙의 뿌리를 든든하게 내릴 수 있습니다. 구원받은 하나님의 자녀가 성경 말씀을 통하여 가르침을 받는 것은 너무나 당연한 일입니다.

세상에서 하나님께로 왔으니 하나님 나라의 법도와 체계와 규칙을 배워야 합니다.

시119:71 고난 당한 것이 내게 유익이라 이로 말미암아 내가 주의 (   )
         들을 배우게 되었나이다

시119:92 주의 법이 나의 즐거움이 되지 아니하였더면 내가 내 (   )
         중에 멸망하였으리이다

시119:105 주의 말씀은 내 발에 (   )이요 내 길에 빛이니이다

시119:130 주의 말씀을 열면 (   )이 비치어 우둔한 사람들을 깨닫게
         하나이다

마6:33   그런즉 너희는 먼저 그의 나라와 그의 의를 구하라 그리하면
         이 모든 것을 너희에게 (   )하시리라

아홉 번째 만남

기 도

생활 숙제

❶ 눅22장을 읽으십시오.

❷ 눅22:42 암송하십시오.

❸ 아홉 번째 만남을 예습하십시오.

❹ 주일설교를 요약하십시오.

❺ 매일 큐티를 하십시오.

9 기도

아홉 번째 만남

　예수님을 믿는 사람들은 하나님께 기도할 수 있는 특권을 가지고 있습니다. 기도는 하나님의 주권을 인정하는 것이며, 자기를 포기하는 행위입니다. 따라서 기도는 나의 계획을 관철시키기 위해 하나님을 움직이거나 하나님을 조종하는 수단이 아닙니다. 기도는 하나님과의 친밀한 소통이며, 나를 뛰어 넘어 하나님의 지경 안으로 들어가 하나님의 크고 비밀한 경륜을 경험하는 것입니다. 우리의 기도를 들어주시고 응답해 주시는 분은 하나님이십니다. 따라서 기도와 겸손은 함께 갑니다. 자신이 무엇인가를 이루어낼 수 있다고 생각하는 교만한 사람은 기도하지 않습니다. 그러나 겸손한 사람은 늘 하나님의 도우심의 손길을 구합니다. 기도는 나를 통해 이루실 하나님의 뜻을 알아 가는 것입니다.

1. 기도란 무엇입니까? 요14:13, 15:7, 히4:16

　_____
　_____
　_____

　나눔 당신에게 기도란 무엇입니까?

　기도는 예수님의 이름으로 성령님의 인도하심을 받아 하나님의 임재 앞에 나가는 것입니다.

요14:13 너희가 내 이름으로 무엇을 구하든지 내가 행하리니
이는 아버지로 하여금 아들로 말미암아 (   )을 받으시게
하려 함이라

요15:7 너희가 내 안에 거하고 내 (   )이 너희 안에 거하면 무엇이든지
원하는 대로 구하라 그리하면 이루리라

히4:16 그러므로 우리는 긍휼하심을 받고 때를 따라 돕는 은혜를 얻기
위하여 은혜의 (   ) 앞에 담대히 나아갈 것이니라

2. 무엇을 기도해야 합니까? 마6:31-33, 행1:8

_____

_____

> 나눔 지금까지 당신의 기도의 초점은 어디에 맞추어져 있었습니까?

나는 나의 삶을 통해 하나님의 뜻과 계획이 이루어지길 소원하는 기도를 드리고 있는가 점검하십시오.

3. 어떻게 기도해야 합니까? 엡6:18-19, 골4:2

_____

_____

> 나눔 기도를 못(안)하는 이유가 무엇인지 나누어 보십시오.

4. 왜 기도해야 합니까? 삼상12:23, 렘33:3

_____

_____

4-1. 예수님은 언제 기도하셨으며, 왜 기도하셨습니까? 막1:35, 요13:15

_____

_____

> 나눔 예수님의 기도와 자신의 기도를 비교해 보십시오.

마6:31-33 그러므로 염려하여 이르기를 무엇을 먹을까 무엇을 마실까 무엇을 입을까 하지 말라 이는 다 (　　　)들이 구하는 것이라 너희 하늘 아버지께서 이 모든 것이 너희에게 있어야 할 줄을 아시느니라 그런즉 너희는 먼저 그의 나라와 그의 의를 구하라 그리하면 이 모든 것을 너희에게 더하시리라

행1:8 오직 성령이 너희에게 임하시면 너희가 권능을 받고 예루살렘과 온 유대와 사마리아와 땅 끝까지 이르러 내 (　　　)이 되리라 하시니라

엡6:18-19 모든 기도와 간구를 하되 항상 성령 안에서 기도하고 이를 위하여 깨어 구하기를 항상 힘쓰며 여러 성도를 위하여 구하라 또 나를 위하여 구할 것은 내게 말씀을 주사 나로 입을 열어 (　　　　　)을 담대히 알리게 하옵소서 할 것이니

골4:2 기도를 계속하고 기도에 (　　　)으로 깨어 있으라

삼상12:23 나는 너희를 위하여 기도하기를 (　　　) 죄를 여호와 앞에 결단코 범하지 아니하고 선하고 의로운 길을 너희에게 가르칠 것인즉

렘33:3 너는 내게 부르짖으라 내가 네게 (　　　)하겠고 네가 알지 못하는 크고 은밀한 일을 네게 보이리라

막1:35 새벽 아직도 밝기 전에 예수께서 일어나 나가 한적한 곳으로 가사 거기서 (　　　)하시더니

요13:15 내가 너희에게 행한 것 같이 너희도 행하게 하려 하여 (　　　)을 보였노라

우리의 기도가 예수님과 함께 십자가를 질 수 있는 능력을 달라는데 초점이 맞추어져야 합니다. 어찌하든지 십자가를 피해가게 해달라는데 목적을 둔다면 우상에게 절하는 세상 사람들과 다를 것이 없을 것입니다. 혹, 세상 사람들이 우상들에게 절하며 구하는 것들을 우리도 구하고 있는 것은 아닌지 점검해 보아야 합니다. 구하지 않았음에도 잘 되는 세상적인 성공은 진정한 복이 아닙니다.

5. 기도하는 사람의 자세는 어떠해야 합니까? 마6:6, 21:22, 빌4:6, 히11:6

___

___

___

> **나눔** 나의 기도를 응답해 주실 것이란 믿음이 있으십니까?

6. 하나님은 우리의 기도를 어떻게 응답하십니까?
   마7:7-8, 16:19, 요16:24

___

___

___

> **나눔** 기도의 응답을 받아 본 경험을 나누어 보십시오.

마6:6 너는 기도할 때에 네 (   )에 들어가 문을 닫고 은밀한 중에
계신 네 아버지께 기도하라 은밀한 중에 보시는 네 아버지께서
갚으시리라

마21:22 너희가 기도할 때에 무엇이든지 (   ) 구하는 것은
다 받으리라 하시니라

빌4:6 아무 것도 염려하지 말고 다만 모든 일에 기도와 (   )로,
너희 구할 것을 감사함으로 하나님께 아뢰라

히11:6 믿음이 없이는 하나님을 기쁘시게 하지 못하나니
하나님께 나아가는 자는 반드시 그가 계신 것과 또한 그가 자기를
찾는 자들에게 (   ) 주시는 이심을 믿어야 할지니라

마7:7-8 구하라 그리하면 너희에게 주실 것이요
(   ) 그리하면 찾아낼 것이요 문을 두드리라 그리하면
너희에게 열릴 것이니 구하는 이마다 받을 것이요 찾는 이는
찾아낼 것이요 두드리는 이에게는 열릴 것이니라

마16:19 내가 (   )를 네게 주리니 네가 땅에서 무엇이든지
매면 하늘에서도 매일 것이요 네가 땅에서 무엇이든지 풀면
하늘에서도 풀리리라 하시고

요16:24 지금까지는 너희가 내 (   )으로 아무 것도 구하지
아니하였으나 구하라 그리하면 받으리니 너희 기쁨이 충만하리라

아홉 번째 만남 / 기 도

7. 기도가 응답되지 않는 이유가 무엇입니까?
   마6:14-15, 요9:31, 약4:3, 사59:1-2

   _____
   _____
   _____

   나눔 원하는 대로 응답 받지 못해 실망한 경험이 있습니까?

8. 중보기도는 다른 사람이나 공동체를 위한 기도입니다. 어떻게 기도해야 합니까? 행1:14, 롬12:15, 딤전2:1, 약5:14-16

   _____
   _____
   _____

   나눔 당신의 중보기도 대상은 누구입니까?

하나님은 언제나 기도하는 사람들과 함께 하십니다. 기도하면 하나님이 일하기 시작하시며, 하나님의 능력이 나타나기 시작합니다. 하지만 기도한다고 내가 원하는 대로 다 응답해 주시진 않습니다. 그러나 지금 당장 응답이 없었던 것도 시간이 지난 뒤에 응답해 주신 것이라는 것을 알게 됩니다.

마6:14-15 너희가 사람의 잘못을 (   )하면 너희 하늘 아버지께서도
너희 잘못을 용서하시려니와 너희가 사람의 잘못을 용서하지
아니하면 너희 아버지께서도 너희 잘못을 용서하지 아니하시리라

요9:31 하나님이 (   )의 말을 듣지 아니하시고 경건하여
그의 뜻대로 행하는 자의 말은 들으시는 줄을 우리가 아나이다

약4:3 구하여도 받지 못함은 (   )으로 쓰려고 잘못 구하기 때문이라

사59:1-2 여호와의 손이 짧아 구원하지 못하심도 아니요 귀가 둔하여 듣지
못하심도 아니라 오직 너희 (   )이 너희와 너희 하나님 사이를
갈라 놓았고 너희 죄가 그의 얼굴을 가리어서 너희에게서 듣지
않으시게 함이니라

행1:14 여자들과 예수의 어머니 (   )와 예수의 아우들과 더불어
마음을 같이하여 오로지 기도에 힘쓰더라

롬12:15 즐거워하는 자들과 함께 즐거워하고 (   ) 자들과 함께 울라

딤전2:1-2 그러므로 내가 첫째로 권하노니 모든 사람을 위하여
간구와 기도와 (   )와 감사를 하되

약5:14-16 너희 중에 병든 자가 있느냐 그는 교회의 (   )들을 청할 것이요
그들은 주의 이름으로 기름을 바르며 그를 위하여 기도할지니라
믿음의 기도는 병든 자를 구원하리니 주께서 그를 일으키시리라
혹시 죄를 범하였을지라도 사하심을 받으리라
그러므로 너희 죄를 서로 고백하며 병이 낫기를 위하여
서로 (   )하라 의인의 간구는 역사하는 힘이 큼이니라

9. 합심기도(행2:1, 12:5, 16:25-26)는 무엇이고, 금식기도(마6:16-18, 행13:2-3, 사58:6-9, 욜2:12-14)는 무엇입니까?

_____

_____

_____

나눔　합심하여 기도하거나 금식하며 기도하는 이유는 무엇입니까?

　기도는 강요나 율법적인 요구가 아니라 예수 그리스도를 믿고 죄 사함의 은혜를 체험한 성도가 누리는 특권입니다. 또한 기도는 나를 향하신 하나님의 뜻을 알기 위한 과정입니다. 쉬지 않고 기도하는 지속성이 중요합니다. 예수님께서 겟세마네 동산에서 아버지의 뜻을 순종하기 위하여 피와 땀을 쏟으시며 기도하셨을 때 성령의 능력이 임하셨습니다.
　이처럼 기도에 능력이 있는 것이 아니라 기도를 할 때 성령의 능력이 나타납니다. 그렇기에 기도는 최후 수단이 아니라 성도가 가장 먼저 해야 할 일입니다. 생각하면 문제와 상황이 커 보이고 사람이 보이기 시작하지만, 기도하면 하나님이 보이고 상황을 이겨 나갈 수 있는 길이 보이기 시작합니다.

행2:1 (　　　　) 날이 이미 이르매 그들이 다같이 한 곳에 모였더니

행12:5 이에 (　　　　)는 옥에 갇혔고 교회는 그를 위하여 간절히 하나님께 기도하더라

행16:25-26 한밤중에 (　　　　　　)가 기도하고 하나님을 찬송하매 죄수들이 듣더라 이에 갑자기 큰 지진이 나서 옥터가 움직이고 문이 곧 다 열리며 모든 사람의 매인 것이 다 벗어진지라

마6:16-18 금식할 때에 너희는 외식하는 자들과 같이 슬픈 기색을 보이지 말라 그들은 금식하는 것을 사람에게 보이려고 얼굴을 흉하게 하느니라 내가 진실로 너희에게 이르노니 그들은 자기 상을 이미 받았느니라 너는 금식할 때에 머리에 (　　　　)을 바르고 얼굴을 씻으라 이는 금식하는 자로 사람에게 보이지 않고 오직 은밀한 중에 계신 네 아버지께 보이게 하려 함이라 은밀한 중에 보시는 네 아버지께서 갚으시리라

행13:2-3 주를 섬겨 (　　　)할 때에 성령이 이르시되 내가 불러 시키는 일을 위하여 바나바와 사울을 따로 세우라 하시니 이에 금식하며 기도하고 두 사람에게 안수하여 보내니라

사58:6-9 내가 기뻐하는 금식은 흉악의 (　　　)을 풀어 주며 멍에의 줄을 끌러 주며 압제 당하는 자를 자유하게 하며 모든 멍에를 꺾는 것이 아니겠느냐 또 주린 자에게 네 양식을 나누어 주며 유리하는 빈민을 집에 들이며 헐벗은 자를 보면 입히며 또 네 골육을 피하여 스스로 숨지 아니하는 것이 아니겠느냐 그리하면 네 빛이 새벽 같이 비칠 것이며 네 (　　　)가 급속할 것이며 네 공의가 네 앞에 행하고 여호와의 영광이 네 뒤에 호위하리니 네가 부를 때에는 나 여호와가 응답하겠고 네가 부르짖을 때에는 내가 여기 있다 하리라 만일 네가 너희 중에서 멍에와 손가락질과 허망한 말을 제하여 버리고

욜2:12-14 여호와의 말씀에 너희는 이제라도 금식하고 울며 애통하고 마음을 다하여 내게로 돌아오라 하셨나니 너희는 옷을 찢지 말고 (　　　　　) 너희 하나님 여호와께로 돌아올지어다 그는 은혜로우시며 자비로우시며 노하기를 더디하시며 인애가 크시사 뜻을 돌이켜 재앙을 내리지 아니하시나니 주께서 혹시 마음과 뜻을 돌이키시고 그 뒤에 복을 내리사 너희 하나님 여호와께 (　　　　　)를 드리게 하지 아니하실는지 누가 알겠느냐

열 번째 만남

전도

생활 숙제

❶ 마28장을 읽으십시오.

❷ 마28:18-20을 암송하십시오.

❸ 열 번째 만남을 예습하십시오.

❹ 주일설교를 요약하십시오.

❺ 매일 큐티를 하십시오.

10 전도

열 번째 만남

　구원받은 하나님의 자녀로서 우리의 삶은 하나님의 나라가 이 땅 가운데 이루어지고 넓혀져 가는데 쓰임 받는 성령의 도구가 되어야 합니다. 하나님은 우리를 아직까지 복음을 듣지 못한 사람들에게 예수님의 구원을 전하는 전도자로 사용하기 원하십니다. 교회가 존재하고 부흥해야 하는 이유도 세상에 복음을 전해야 하기 때문입니다.

　그리스도인들이 복음을 말하지 않고 침묵하는 것은 세상을 포기하는 일입니다. 우리는 예수 그리스도의 십자가 대속으로 인한 구원의 복된 소식을 세상 모든 사람들에게 알려야 합니다. 전도는 주님이 주신 사명, 즉 명령이며 우리는 하나님의 구원과 은혜의 통로로서의 삶을 살아야 합니다.

1. 예수님이 오신 이유가 무엇입니까? 마1:21, 눅5:32, 딤전1:15

_____
_____
_____

　　　나눔 예수님께서 나를 위하여 오셨음을 믿습니까?

마1:21　아들을 낳으리니 이름을 (　　)라 하라 이는 그가 자기 백성을 그들의 죄에서 구원할 자이심이라 하니라

눅5:32　내가 의인을 부르러 온 것이 아니요 죄인을 불러 (　　)시키러 왔노라

딤전1:15　미쁘다 모든 사람이 받을 만한 이 말이여 그리스도 예수께서 죄인을 구원하시려고 세상에 임하셨다 하였도다 죄인 중에 내가 (　　)니라

2. 전도는 무엇입니까? 마9:36, 고전1:21, 유1:23

_____

_____

_____

> **나눔** 당신은 누구에게 전도를 받았습니까?

　　전도는 명령입니다. 명령은 내 의지가 개입되는 것이 아닙니다. 전도는 세상을 구원하시는 하나님의 지혜이며 하나님의 능력의 통로입니다.

3. 전도를 해야 되는 이유가 무엇입니까?
   마28:19-20, 롬1:16, 10:13-15, 행16:31

_____

_____

_____

> **나눔** 전도를 하지 못하는 이유가 무엇입니까?

마9:36 　무리를 보시고 불쌍히 여기시니 이는 그들이 (　　) 없는 양과
　　　　같이 고생하며 기진함이라

고전1:21 　하나님의 (　　)에 있어서는 이 세상이 자기 지혜로 하나님을
　　　　알지 못하므로 하나님께서 전도의 미련한 것으로 믿는 자들을
　　　　구원하시기를 기뻐하셨도다

유1:23 　또 어떤 자를 (　　)에서 끌어내어 구원하라 또 어떤 자를
　　　　그 육체로 더럽힌 옷까지도 미워하되 두려움으로 긍휼히 여기라

마28:19-20 그러므로 너희는 가서 모든 (　　)을 제자로 삼아 아버지와
　　　　아들과 성령의 이름으로 세례를 베풀고 내가 너희에게 분부한
　　　　모든 것을 가르쳐 지키게 하라 볼지어다 내가 세상 끝날까지
　　　　너희와 항상 함께 있으리라 하시니라

롬1:16 　내가 복음을 부끄러워하지 아니하노니 이 복음은 모든 믿는 자에게
　　　　구원을 주시는 하나님의 (　　)이 됨이라
　　　　먼저는 유대인에게요 그리고 헬라인에게로다

롬10:13-15 누구든지 주의 이름을 부르는 자는 구원을 받으리라
　　　　그런즉 그들이 믿지 아니하는 이를 어찌 부르리요 듣지도 못한
　　　　이를 어찌 믿으리요 (　　)하는 자가 없이 어찌 들으리요
　　　　보내심을 받지 아니하였으면 어찌 전파하리요 기록된 바
　　　　아름답도다 좋은 소식을 전하는 자들의 발이여 함과 같으니라

행16:31 　이르되 주 예수를 믿으라 그리하면 너와 네 집이 (　　)을
　　　　받으리라 하고

열 번째 만남 / 전 도

4. 무엇을 전해야 합니까? 요14:6, 행4:12, 고전1:23-24

___

___

___

> **나눔** 지금까지 전도할 때 핵심내용이 무엇이었습니까?

5. 언제 전도해야 합니까? 행1:8, 딤후4:2

___

___

___

> **나눔** 가장 최근에 전도한 사람은 누구입니까?

전도는 잃어버린 한 영혼을 안타깝게 찾으시는 하나님 아버지의 마음을 갖는 것입니다. 그렇기에 전도는 잘하고 못하는 것이 중요한 것이 아닙니다. 예수님의 십자가 구속의 은혜로 구원받은 성도들이 마땅히 순종해야 될 의무입니다. 성공과 실패는 성령님의 역사하심에 맡기고, 성도는 순종하기만 하면 됩니다. 하나님은 순종하는 자를 통해 구원의 역사를 이루어 가십니다.

6. 전도자의 삶은 어떠해야 합니까? 마5:16, 빌2:15, 벧전3:15

___

___

___

> **나눔** 당신이 전도자로 부르심을 받았다는 것을 인정하십니까?

요14:6   예수께서 이르시되 내가 곧 길이요 (　　　)요 생명이니 나로 말미암지 않고는 아버지께로 올 자가 없느니라

행4:12   다른 이로써는 구원을 받을 수 없나니 (　　) 사람 중에 구원을 받을 만한 다른 이름을 우리에게 주신 일이 없음이라 하였더라

고전1:23-24   우리는 십자가에 못 박힌 그리스도를 전하니 유대인에게는 거리끼는 것이요 이방인에게는 미련한 것이로되 오직 (　　　)을 받은 자들에게는 유대인이나 헬라인이나 그리스도는 하나님의 능력이요 하나님의 지혜니라

행1:8   오직 성령이 너희에게 임하시면 너희가 권능을 받고 예루살렘과 온 유대와 사마리아와 땅 끝까지 이르러 내 (　　　)이 되리라 하시니라

딤후4:2   너는 말씀을 전파하라 때를 얻든지 못 얻든지 항상 힘쓰라 (　　)에 오래 참음과 가르침으로 경책하며 경계하며 권하라

마5:16   이같이 너희 빛이 사람 앞에 비치게 하여 그들로 너희 (　　　　)을 보고 하늘에 계신 너희 아버지께 영광을 돌리게 하라

빌2:15   이는 너희가 흠이 없고 순전하여 어그러지고 거스르는 (　　) 가운데서 하나님의 흠 없는 자녀로 세상에서 그들 가운데 빛들로 나타내며

벧전3:15   너희 마음에 그리스도를 주로 삼아 (　　　)하게 하고 너희 속에 있는 소망에 관한 이유를 묻는 자에게는 대답할 것을 항상 준비하되 온유와 두려움으로 하고

세상이 하나님을 발견할 수 있는 유일한 통로는 교회이고 성도들입니다. 교회된 성도들은 예수님의 사랑과 용서, 그리고 관용을 드러낼 수 있어야 합니다. 또한, 그리스도인들이 세상 사람들을 바라볼 때, 그들의 가운데 하나님의 나라가 임하지 않았음을 가슴 아프게 여기며 복음을 말할 수 있어야 합니다.

7. 전도자는 어떻게 준비해야 합니까? 고전2:4-5, 골1:29

   나눔 당신은 전도를 하기 위해 무엇을 준비하고 있습니까?

8. 요1:41-48절을 읽고 안드레와 빌립이 취한 행동에 대해 요약하십시오.

   나눔 당신은 예수님을 전할 목적으로 친구를 찾아가고 있습니까?

9. 전도의 결과는 어떻게 나타납니까? 롬6:17-18,22, 골1:21-22, 딤후2:26

   나눔 당신이 전도한 결과는 어떻게 나타났습니까?

고전2:4-5 내 말과 내 (   )이 설득력 있는 지혜의 말로 하지 아니하고 다만 성령의 나타나심과 능력으로 하여 너희 믿음이 사람의 지혜에 있지 아니하고 다만 하나님의 능력에 있게 하려 하였노라

골1:29 이를 위하여 나도 내 속에서 능력으로 역사하시는 이의 역사를 따라 힘을 다하여 (   )하노라

롬6:17-18, 22 하나님께 감사하리로다 너희가 본래 죄의 종이더니 너희에게 전하여 준 바 교훈의 본을 마음으로 순종하여 죄로부터 (   )되어 의에게 종이 되었느니라, 그러나 이제는 너희가 죄로부터 해방되고 하나님께 종이 되어 거룩함에 이르는 열매를 맺었으니 그 마지막은 영생이라

골1:21-22 전에 악한 행실로 멀리 떠나 마음으로 원수가 되었던 너희를 이제는 그의 육체의 죽음으로 말미암아 화목하게 하사 너희를 (   )하고 흠 없고 책망할 것이 없는 자로 그 앞에 세우고자 하셨으니

딤후2:26 그들로 깨어 마귀의 (   )에서 벗어나 하나님께 사로잡힌 바 되어 그 뜻을 따르게 하실까 함이라

교회의 존재이유는 전도와 선교입니다. 교회는 십자가의 피 묻은 복음을 모든 민족과 열방에 전해야 합니다. 하나님은 모든 민족과 열방에 복음이 전해져서 그들이 구원받고 하나님을 예배하기를 원하십니다. 예수 그리스도를 영접하고 교회된 우리 모두는 이미 복음의 전도자들입니다. 전도자의 삶은 복된 소식, 즉 예수님이 구원자이심을 전하는데 모든 초점이 맞추어져야 합니다.

열한 번째 만남

고난

생활 숙제

❶ 벧전4장을 읽으십시오.
❷ 벧전4:12-13을 암송하십시오.
❸ 열한 번째 만남을 예습하십시오.
❹ 주일설교를 요약하십시오.
❺ 매일 큐티를 하십시오.

11 고난

열한 번째 만남

그리스도인들에게도 고난은 피할 수 없습니다. 믿음은 고난 가운데서 어떻게 행동하는가로 결정됩니다. 자신 앞에 놓여진 문제와 상황을 넘어서서 십자가에서 승리하신 예수 그리스도를 바라보는 것이 참 믿음입니다.

공중권세 잡은 자 곧 마귀는 하나님의 교회된 성도들을 쓰러뜨리려 영적으로 쉬지 않고 공격을 합니다. 그러나 하나님이 함께하심으로 영적으로 한 단계 더 도약한다면 우리를 힘들게 하는 고난은 걸림돌이 아니라 디딤돌이 됩니다.

1. 고난은 왜 찾아옵니까? 빌1:29, 요일2:15-16, 약1:14-15

   _____
   _____

   [나눔] 그리스도인으로 살아가면서 경험한 고난이 있었습니까?

2. 우리 삶에서 실제로 겪게 되는 고난은 어떤 것들이 있습니까?
   딤후3:10-12, 히11:24-26

   _____
   _____

   [나눔] 현재 겪고 있는 고난은 무엇입니까?

빌1:29 그리스도를 위하여 너희에게 (　　)를 주신 것은 다만 그를 믿을 뿐 아니라 또한 그를 위하여 고난도 받게 하려 하심이라

요일2:15-16 이 세상이나 세상에 있는 것들을 사랑하지 말라 누구든지 세상을 사랑하면 아버지의 사랑이 그 안에 있지 아니하니 이는 세상에 있는 모든 것이 (　　　　)과 안목의 정욕과 이생의 자랑이니 다 아버지께로부터 온 것이 아니요 세상으로부터 온 것이라

약1:14-15 오직 각 사람이 시험을 받는 것은 자기 (　　)에 끌려 미혹됨이니 욕심이 잉태한즉 죄를 낳고 죄가 장성한즉 사망을 낳느니라

딤후3:10-12 나의 교훈과 행실과 의향과 믿음은 오래 참음과 사랑과 인내와 박해를 받음과 고난과 또한 안디옥과 이고니온과 루스드라에서 당한 일과 어떠한 박해를 받은 것을 네가 과연 보고 알았거니와 주께서 이 모든 것 가운데서 나를 건지셨느니라 무릇 그리스도 예수 안에서 경건하게 살고자 하는 자는 (　　)를 받으리라

히11:24-26 믿음으로 모세는 장성하여 바로의 (　　　　)이라 칭함 받기를 거절하고 도리어 하나님의 백성과 함께 고난 받기를 잠시 죄악의 낙을 누리는 것보다 더 좋아하고 그리스도를 위하여 받는 수모를 애굽의 모든 보화보다 더 큰 (　　)로 여겼으니 이는 상 주심을 바라봄이라

열한 번째 만남 / 고 난

3. 고난당할 때 우리가 취해야 할 행동은 무엇입니까?
   롬12:2, 엡6:13, 벧전4:12-13, 약1:2-4

   _____

   _____

   > 나눔 자신이 감당치 못할 상황이 발생했을 때 누구를 의지 했습니까?

4. 욥과 예레미야는 자신들에게 닥친 고난에 대하여 어떻게 반응했습니까? 욥1:20-22, 렘3:21-23

   _____

   _____

   > 나눔 당신은 고난에 대하여 어떻게 반응합니까?

믿음은 내 앞에 놓여있는 문제와 상황을 보는 것이 아니라 하나님 아버지를 바라보는 것입니다. 예수님께서는 십자가 없는 영광은 거절하셨습니다. 고난 없는 부요는 진정한 부요가 아니요, 고난 없는 영광도 진정한 영광이 아닙니다. 고통과 환난을 통해 나를 향한 하나님의 섭리를 깨달을 수 있습니다.

5. 고난을 이길 수 있는 방법은 무엇입니까? 마6:33, 요16:33, 요일5:4-5

   _____

   _____

   > 나눔 당신은 고난에서 어떻게 벗어났습니까?

롬12:2 너희는 이 세대를 본받지 말고 오직 마음을 새롭게 함으로
(   )를 받아 하나님의 선하시고 기뻐하시고 온전하신 뜻이
무엇인지 분별하도록 하라

엡6:13 그러므로 하나님의 (   )를 취하라 이는 악한 날에 너
희가 능히 대적하고 모든 일을 행한 후에 서기 위함이라

벧전4:12-13 사랑하는 자들아 너희를 연단하려고 오는 (   )을 이상한
일 당하는 것 같이 이상히 여기지 말고 오히려 너희가 그리스도의
고난에 참여하는 것으로 즐거워하라 이는 그의 영광을 나타내실
때에 너희로 즐거워하고 기뻐하게 하려 함이라

약1:2-4 내 형제들아 너희가 여러 가지 시험을 당하거든 온전히 기쁘게
여기라 이는 너희 믿음의 시련이 인내를 만들어 내는 줄 너희가
앎이라 (   )를 온전히 이루라 이는 너희로 온전하고
구비하여 조금도 부족함이 없게 하려 함이라

욥1:20-22 욥이 일어나 겉옷을 찢고 머리털을 밀고 땅에 엎드려 (   )
하며 이르되 내가 모태에서 알몸으로 나왔사온즉 또한 알몸이
그리로 돌아가올지라 주신 이도 여호와시요 거두신 이도 여호와
시오니 (   )의 이름이 찬송을 받으실지니이다 하고
이 모든 일에 욥이 범죄하지 아니하고 하나님을 향하여 원망하지
아니하니라

렘3:21-23 소리가 헐벗은 산 위에서 들리니 곧 이스라엘 자손이 애곡하며
간구하는 것이라 그들이 그들의 길을 굽게 하며 자기 하나님
(   )를 잊어버렸음이로다 배역한 자식들아 돌아오라
내가 너희의 배역함을 고치리라 하시니라 보소서 우리가 주께
왔사오니 주는 우리 하나님 여호와이심이니이다 작은 산들과
큰 산 위에서 떠드는 것은 참으로 헛된 일이라 이스라엘의 구원은
진실로 우리 하나님 여호와께 있나이다

마6:33, 요16:33, 요일5:4-5(62쪽 참조)

6. 고난을 이길 수 있도록 돕는 분은 누구입니까?
   고전10:13, 시34:19, 벧전5:6-7

   _____

   _____

   _____

   나눔 고난 중에 하나님과의 관계는 어떠했습니까?

7. 그리스도인들도 때로는 고난을 당할 수 있습니다. 왜 그렇습니까?
   시34:20, 119:67,71, 롬8:17-18,28, 고후1:4-5

   _____

   _____

   _____

   나눔 당신이 고난을 통해 얻은 유익은 무엇입니까?

　　그리스도인에게도 고난은 쉽지 않은 일입니다. 그러나 닥쳐온 고난에 대해 어떻게 반응하느냐에 따라 시험과 고난은 새로운 기회가 될 수 있습니다. 중요한 것은 고난을 당할 때에 하나님 앞에 무릎 꿇고 도우심의 손길을 구하는 것입니다. 하나님은 내가 아무것도 할 수 없을 때 찾아오셔서 일하십니다. 믿음은 내 앞에 놓여있는 문제와 상황을 보는 것이 아니라 예수 그리스도의 십자가를 바라보는 것입니다.

고전10:13　사람이 감당할 (　　　) 밖에는 너희가 당한 것이 없나니
　　　　　오직 하나님은 미쁘사 너희가 감당하지 못할 시험 당함을
　　　　　허락하지 아니하시고 시험 당할 즈음에 또한 피할 길을 내사
　　　　　너희로 능히 감당하게 하시느니라

시34:19　의인은 (　　　)이 많으나 여호와께서 그의 모든 고난에서
　　　　건지시는도다

벧전5:6-7　그러므로 하나님의 능하신 손 아래에서 (　　　)하라
　　　　　때가 되면 너희를 높이시리라 너희 염려를 다 주께 맡기라
　　　　　이는 그가 너희를 돌보심이라

시34:20　그의 모든 뼈를 (　　　)하심이여 그 중에서 하나도 꺾이지
　　　　아니하도다

시119:67,71　고난 당하기 전에는 내가 그릇 행하였더니
　　　　　　이제는 주의 말씀을 지키나이다,
　　　　　　고난 당한 것이 내게 (　　　)이라
　　　　　　이로 말미암아 내가 주의 율례들을 배우게 되었나이다

롬8:17-18,28　자녀이면 또한 (　　　) 곧 하나님의 상속자요 그리스도와
　　　　　　함께 한 상속자니 우리가 그와 함께 영광을 받기 위하여 고난도
　　　　　　함께 받아야 할 것이니라 생각하건대 현재의 고난은 장차
　　　　　　우리에게 나타날 영광과 비교할 수 없도다, 우리가 알거니와
　　　　　　하나님을 사랑하는 자 곧 그의 뜻대로 부르심을 입은 자들에게
　　　　　　는 모든 것이 (　　　)하여 선을 이루느니라

고후1:4-5　우리의 모든 환난 중에서 우리를 (　　　)하사 우리로 하여금
　　　　　하나님께 받는 위로로써 모든 환난 중에 있는 자들을 능히
　　　　　위로하게 하시는 이시로다 그리스도의 고난이 우리에게 넘친
　　　　　것 같이 우리가 받는 위로도 그리스도로 말미암아 넘치는도다

마6:33   그런즉 너희는 먼저 그의 (　　) 와 그의 의를 구하라 그리하면 이 모든 것을 너희에게 더하시리라

요16:33   이것을 너희에게 이르는 것은 너희로 내 안에서 (　　) 을 누리게 하려 함이라 세상에서는 너희가 환난을 당하나 담대하라 내가 세상을 이기었노라

요일5:4-5   무릇 하나님께로부터 난 자마다 (　　) 을 이기느니라 세상을 이기는 승리는 이것이니 우리의 믿음이니라 예수께서 하나님의 아들이심을 믿는 자가 아니면 세상을 이기는 자가 누구냐

열두 번째 만남

방해

생활 숙제

❶ 살전5장을 읽으십시오.
❷ 살전5:16-18을 암송하십시오.
❸ 열두 번째 만남을 예습하십시오.
❹ 주일설교를 요약하십시오.
❺ 매일 큐티를 하십시오.

12 방해

열두 번째 만남

구원 받은 하나님의 백성들은 주님의 뜻에 따라 살려고 노력합니다. 그러나 이러한 노력에도 불구하고 무엇이 자신의 신앙생활을 방해하고 있는지 의식하지 못합니다. 그래서 죄 가운데 넘어지고 실수하는 경우가 종종 있습니다. 하나님께 가까이 가려는 우리들을 막아서는 방해요인이 있기 때문입니다.

방해하는 요인들을 분명히 파악하고 대처해 나갈 때, 우리의 신앙생활은 반석 위에 기초를 놓은 것처럼 견고해 질 수 있습니다.

1. 신앙생활을 방해하는 요인은 어떤 것들이 있습니까?

   1) 창3:5-6, 벧전5:8

   _____
   _____
   _____

   2) 롬7:22-23, 약1:14-15

   _____
   _____
   _____

창3:5-6　너희가 그것을 먹는 날에는 너희 눈이 밝아져 (　　　)과 같이 되어 선악을 알 줄 하나님이 아심이니라 여자가 그 나무를 본즉 먹음직도 하고 보암직도 하고 지혜롭게 할 만큼 탐스럽기도 한 나무인지라 여자가 그 열매를 따먹고 자기와 함께 있는 남편에게도 주매 그도 먹은지라

벧전5:8　근신하라 깨어라 너희 대적 (　　　)가 우는 사자 같이 두루 다니며 삼킬 자를 찾나니

롬7:22-23　내 속사람으로는 하나님의 법을 즐거워하되 내 (　　　) 속에서 한 다른 법이 내 마음의 법과 싸워 내 지체 속에 있는 죄의 법으로 나를 사로잡는 것을 보는도다

약1:14-15　오직 각 사람이 시험을 받는 것은 자기 (　　　)에 끌려 미혹됨이니 욕심이 잉태한즉 죄를 낳고 죄가 장성한즉 사망을 낳느니라

3) 엡2:8-9, 갈2:16

4) 잠16:18

　　　나눔　나를 가로막고 있는 가장 큰 방해요인은 무엇입니까?

2. 방해요인들은 우리의 신앙생활에서 어떻게 나타납니까?

　1) 마6:5, 23:25

　2) 창28:20-22

엡2:8-9 너희는 그 은혜에 의하여 믿음으로 말미암아 구원을 받았으니
이것은 너희에게서 난 것이 아니요 하나님의 (   )이라
행위에서 난 것이 아니니 이는 누구든지 자랑하지 못하게 함이라

갈2:16 사람이 의롭게 되는 것은 (   )로 말미암음이 아니요
오직 예수 그리스도를 믿음으로 말미암는 줄 알므로 우리도
그리스도 예수를 믿나니 이는 우리가 율법의 행위로써가 아니고
그리스도를 믿음으로써 의롭다 함을 얻으려 함이라 율법의 행위
로써는 의롭다 함을 얻을 육체가 없느니라

잠16:18 교만은 (   )의 선봉이요 거만한 마음은 넘어짐의 앞잡이니라

마6:5 또 너희는 기도할 때에 (   )하는 자와 같이 하지 말라
그들은 사람에게 보이려고 회당과 큰 거리 어귀에 서서 기도하기를
좋아하느니라 내가 진실로 너희에게 이르노니 그들은 자기 상을
이미 받았느니라

마23:25 화 있을진저 외식하는 서기관들과 바리새인들이여 잔과 대접의
겉은 깨끗이 하되 그 안에는 (   )과 방탕으로 가득하게
하는도다

창28:20-22 야곱이 서원하여 이르되 하나님이 나와 함께 계셔서 내가 가는
이 길에서 나를 지키시고 먹을 떡과 입을 옷을 주시어 내가 평안히
아버지 집으로 돌아가게 하시오면 여호와께서 나의 하나님이
되실 것이요 내가 기둥으로 세운 이 돌이 하나님의 집이 될 것이요
하나님께서 내게 주신 모든 것에서 (   )을
내가 반드시 하나님께 드리겠나이다 하였더라

3) 마7:3-5

4) 마19:21-22

나눔 위의 모습 중 당신에게 해당되는 것은 무엇입니까?

3. 방해요인들을 어떻게 극복할 수 있습니까?

1) 행1:8

2) 시23편

마7:3-5 어찌하여 형제의 눈 속에 있는 티는 보고 네 눈 속에 있는 (   )는 깨닫지 못하느냐 보라 네 눈 속에 들보가 있는데 어찌하여 형제에게 말하기를 나로 네 눈 속에 있는 티를 빼게 하라 하겠느냐 외식하는 자여 먼저 네 눈 속에서 들보를 빼어라 그 후에야 밝히 보고 형제의 눈 속에서 티를 빼리라

마19:21-22 예수께서 이르시되 네가 온전하고자 할진대 가서 네 소유를 팔아 가난한 자들에게 주라 그리하면 하늘에서 (   )가 네게 있으리라 그리고 와서 나를 따르라 하시니 그 청년이 재물이 많으므로 이 말씀을 듣고 근심하며 가니라

행1:8 오직 성령이 너희에게 임하시면 너희가 (   )을 받고 예루살렘과 온 유대와 사마리아와 땅 끝까지 이르러 내 증인이 되리라 하시니라

시23:1-6 여호와는 나의 목자시니 내게 부족함이 없으리로다 그가 나를 푸른 풀밭에 누이시며 쉴 만한 물 가로 인도하시는도다 내 (   )을 소생시키시고 자기 이름을 위하여 의의 길로 인도하시는도다 내가 사망의 음침한 골짜기로 다닐지라도 해를 두려워하지 않을 것은 주께서 나와 함께 하심이라 주의 지팡이와 막대기가 나를 안위하시나이다 주께서 내 (   )의 목전에서 내게 상을 차려 주시고 기름을 내 머리에 부으셨으니 내 잔이 넘치나이다 내 평생에 선하심과 인자하심이 반드시 나를 따르리니 내가 여호와의 집에 영원히 살리로다

3) 롬12:2

4) 행2:46, 히10:24-25

나눔 방해요인을 어떻게 극복했는지 나누어 보십시오.

 그리스도인들에게 신앙의 방해요소가 있다는 것은 나쁜 일만은 아닙니다. 예수 그리스도를 영접한 성도가 세상에서 살아가려면 끊임없이 방해세력이 접근하게 되어 있습니다. 어둠의 세력은 성도가 세상에서 선한 영향력, 복음의 영향력을 끼치는 것을 결코 좌시하지 않습니다. 성도에게 신앙생활의 방해가 있다는 것은 십자가 앞으로 더욱 더 가깝게 나갈 수 있는 기회가 됩니다.

롬12:2 너희는 이 (   )를 본받지 말고 오직 마음을 새롭게 함으로 변화를 받아 하나님의 선하시고 기뻐하시고 온전하신 뜻이 무엇인지 분별하도록 하라

행2:46 날마다 마음을 같이하여 (   )에 모이기를 힘쓰고 집에서 떡을 떼며 기쁨과 순전한 마음으로 음식을 먹고

히10:24-25 서로 돌아보아 사랑과 (   )을 격려하며 모이기를 폐하는 어떤 사람들의 습관과 같이 하지 말고 오직 권하여 그 날이 가까움을 볼수록 더욱 그리하자

열세 번째 만남

리더

생활 숙제

① 막10장을 읽으십시오.

② 막10:44-45을 암송하십시오.

③ 열세 번째 만남을 예습하십시오.

④ 주일설교를 요약하십시오.

⑤ 매일 큐티를 하십시오.

13 리더
열세 번째 만남

우리는 말씀과 교회, 그리고 하나님이 세우신 권위 앞에 순종해야 합니다. 예수를 믿고 예수님의 제자가 된다는 것은 멀찍이 서서 십자가를 바라보는 것이 아닙니다. 그것은 날마다 십자가를 지는 것입니다. 교회의 리더십이 된다는 것은 다만 예수님을 본받을 뿐만 아니라 예수님의 죽음이 내 죽음이 되고, 예수님의 부활이 내 부활이 된다는 것을 의미합니다. 예수님의 제자란 그분의 죽으심과 부활하심에 참여하는 것입니다. 하나님은 일하는 사람이 아니라 순종하는 사람을 원하십니다.

1. 성경에서 말하는 참 리더란 누구입니까? 마23:10

   _____
   _____

   나눔 이제까지 어떤 사람들을 리더라고 생각해 왔습니까?
   당신 자신도 리더라고 생각하십니까?

2. 예수님의 리더십은 어떻게 나타났습니까?

   1) 막10:45

   _____
   _____

마23:10 또한 (   )라 칭함을 받지 말라 너희의 지도자는
        한 분이시니 곧 그리스도시니라

막10:45 인자가 온 것은 섬김을 받으려 함이 아니라 도리어 섬기려 하고
        자기 목숨을 많은 사람의 (   )로 주려 함이니라

2) 요13:4-5

_____
_____

3) 요10:15

_____
_____

나눔 당신은 어떤 종류의 리더십이 있다고 생각합니까?

리더십은 사람을 조종하고 관리하는 것이 아닙니다. 사람들의 문제를 풀어주고 필요를 채워주는 것입니다. 아픔을 만져주고 상처를 치유해 건강하게 만드는 것이 리더의 역할입니다.

3. 리더란 순종하는 사람입니다.

   1) 예수님의 순종은 어떤 결과를 이루었습니까? 롬5:19, 빌2:6-8

   _____
   _____

   2) 아브라함의 순종은 어떤 결과를 이루었습니까?
      창12:1-3, 22:16-18

   _____
   _____

요13:4-5 저녁 잡수시던 자리에서 일어나 겉옷을 벗고 수건을 가져다가 허리에 두르시고 이에 대야에 물을 떠서 제자들의 (　　)을 씻으시고 그 두르신 수건으로 닦기를 시작하여

요10:15 아버지께서 나를 아시고 내가 아버지를 아는 것 같으니 나는 (　　)을 위하여 목숨을 버리노라

롬5:19 한 사람이 (　　)하지 아니함으로 많은 사람이 죄인 된 것 같이 한 사람이 순종하심으로 많은 사람이 의인이 되리라

빌2:6-8 그는 근본 하나님의 (　　)시나 하나님과 동등됨을 취할 것으로 여기지 아니하시고 오히려 자기를 비워 종의 형체를 가지사 사람들과 같이 되셨고 사람의 모양으로 나타나사 자기를 낮추시고 죽기까지 복종하셨으니 곧 십자가에 죽으심이라

창12:1-3 여호와께서 아브람에게 이르시되 너는 너의 고향과 친척과 아버지의 집을 떠나 내가 네게 보여 줄 땅으로 가라 내가 너로 큰 민족을 이루고 네게 복을 주어 네 이름을 창대하게 하리니 너는 복이 될지라 너를 축복하는 자에게는 내가 복을 내리고 너를 저주하는 자에게는 내가 저주하리니 땅의 모든 (　　)이 너로 말미암아 복을 얻을 것이라 하신지라

창22:16-18 이르시되 여호와께서 이르시기를 내가 나를 가리켜 맹세하노니 네가 이같이 행하여 네 아들 네 (　　)도 아끼지 아니하였은즉 내가 네게 큰 복을 주고 네 씨가 크게 번성하여 하늘의 별과 같고 바닷가의 모래와 같게 하리니 네 씨가 그 대적의 성문을 차지하리라 또 네 씨로 말미암아 천하 만민이 복을 받으리니 이는 네가 나의 말을 준행하였음이니라 하셨다 하니라

3) 베드로의 순종은 어떤 결과를 이루었습니까? 눅5:5-6, 요21:6

_____

_____

> **나눔** 순종을 통해서 하나님의 나라를 이룬 경험을 나누어 보십시오.

순종은 이제까지 내가 가장 가치 있다고 여기며 붙잡고 있던 것들을 포기하고 하나님의 뜻을 따르는 것을 말합니다. 우리는 순종할 수 있는 조건을 찾지만 순종은 자아의 죽음입니다. 꽃은 아름답지만 시들지 않으면 열매를 맺을 수 없습니다. 우리는 어떤 재료로 만든 그릇인가를 따지지만, 중요한 것은 주님이 쓰실 깨끗한 그릇이 되는 것입니다. 우리 인생에서 예수 그리스도의 필요를 채워드리는데 쓰임 받을 시간이 그리 많이 남아 있지 않음을 기억해야 합니다.

4. 리더란 자기를 부인하는 사람입니다.

1) 십자가를 지고 예수님을 따른다는 것은 무엇을 의미합니까? 눅9:23

_____

2) 한 알의 밀알이 죽는다는 것은 무엇을 의미합니까? 요12:24

_____

3) 우리 몸을 거룩한 산 제사로 드린다는 것은 무엇을 의미합니까? 롬12:1

_____

> **나눔** 당신은 자기 부인의 경험이 있습니까?

눅5:5-6 시몬이 대답하여 이르되 선생님 우리들이 밤이 새도록
         수고하였으되 잡은 것이 없지마는 말씀에 (   )하여
         내가 그물을 내리리이다 하고 그렇게 하니 고기를 잡은 것이
         심히 많아 그물이 찢어지는지라

요21:6   이르시되 그물을 배 (   )에 던지라 그리하면 잡으리라
         하시니 이에 던졌더니 물고기가 많아 그물을 들 수 없더라

눅9:23   또 무리에게 이르시되 아무든지 나를 따라오려거든 자기를
         (   )하고 날마다 제 십자가를 지고 나를 따를 것이니라

요12:24 내가 진실로 진실로 너희에게 이르노니 한 알의 밀이 땅에 떨어져
         죽지 아니하면 한 알 그대로 있고 죽으면 많은 (   )를
         맺느니라

롬12:1   그러므로 형제들아 내가 하나님의 모든 자비하심으로 너희를
         권하노니 너희 몸을 하나님이 기뻐하시는 거룩한 (   )로
         드리라 이는 너희가 드릴 영적 예배니라

5. 리더의 자질에는 무엇이 있습니까?

   1) 요13:14-15

   2) 롬15:1-2

   3) 롬12:15,18

   4) 전7:29, 시112:4

   5) 요4:23

   나눔 하나님께서 당신에게 주신 자질은 무엇입니까?

요13:14-15 내가 (   )와 또는 (   )이 되어 너희 발을 씻었으니 너희도
         서로 발을 씻어 주는 것이 옳으니라 내가 너희에게 행한 것 같이
         너희도 행하게 하려 하여 본을 보였노라

롬15:1-2 믿음이 강한 우리는 마땅히 믿음이 약한 자의 약점을 담당하고
         자기를 기쁘게 하지 아니할 것이라 우리 각 사람이 이웃을 기쁘게
         하되 (   )을 이루고 (   )을 세우도록 할지니라

롬12:15,18 즐거워하는 자들과 함께 즐거워하고 우는 자들과 함께 울라,
          할 수 있거든 너희로서는 모든 사람과 더불어 (   )하라

전7:29 내가 깨달은 것은 오직 이것이라 곧 하나님은 사람을 (   )
       하게 지으셨으나 사람이 많은 꾀들을 낸 것이니라

시112:4 정직한 자들에게는 흑암 중에 빛이 일어나나니 그는 자비롭고
       (   )이 많으며 의로운 이로다

요4:23 아버지께 참되게 예배하는 자들은 (   )로 예배할 때가
       오나니 곧 이 때라 아버지께서는 자기에게 이렇게 예배하는 자들
       을 찾으시느니라

6. 세상에서의 리더와 교회 공동체 리더의 차이에 대해 요약해 보십시오.

　_____

　_____

나눔 앞으로 당신은 리더로서 한 사람을 세우는 일에 동참하시겠습니까?

리더는 자신이 이끄는 사람들을 움직여 하나님의 일을 감당하게 하고 하나님의 뜻을 이루어 가게 하는 사람입니다. 또한 사람들로 하여금 현재의 자리에서 벗어나 하나님이 원하시는 자리로 옮겨가게 만드는 사람입니다. 하나님께 순종하는 방법을 제시해 주는 것에서 그치는 것이 아니라 자신이 직접 하나님께 순종하는 것을 보여주는 사람이 진정한 리더입니다.

> 한사람 제자양육 훈련은 하나님과 나와의 관계, 나와 이웃과의 관계, 나와 세상과의 관계를 끊임없이 점검하며, 예수 그리스도의 제자의 삶을 사는 것을 목표로 합니다. 우리는 이제까지 우리의 계획 속에 예수님을 끌어들여 조종하려 했었습니다. 하지만 이제부터는 우리가 예수님의 계획 속에 들어가는 삶, 즉 예수 그리스도가 다스리는 삶을 살아야 합니다. 이럴 때 우리 삶의 모든 영역에서 우리를 통하여 이루실 하나님의 뜻이 드러나기 시작하며, 우리 삶의 목적과 방향이 정확하게 정립되기 시작합니다.

✝

부록

1. 한사람 제자양육이란?
2. 한사람 제자양육의 중요성
3. 나눔의 원리

1 한사람 제자양육이란?

한사람 제자양육이란?

한사람 제자양육은 멘토와 멘티가 일대일로 만나 말씀을 공부하고 삶을 나누는 것을 말합니다. 멘토(Mentor)는 지도와 도움을 주는 사람이며, 멘티(Mentee)는 지도와 도움을 받는 사람입니다. 멘토는 하나님께서 자신에게 주신 여러 자원을 멘티에게 나누어 주며, 멘티가 가지고 있는 잠재력을 발견할 수 있도록 도와주는 영적 영향력이 있는 사람입니다.

예수님은 평범한 사람을 부르셔서 그들을 제자로 삼으시고 훈련시키셨으며, 그 제자들로 하여금 교회를 이루게 하셨습니다. 그리고 부활 후 승천하시기 전, 이 사역을 제자들에게 계속하도록 부탁하셨습니다. 제자들의 순종은 온 민족과 열방으로 복음이 전파되는데 쓰임 받는 도구가 되었고, 우리에게도 복음이 전해져서 구원의 영광을 누리게 되었습니다.

"하늘과 땅의 모든 권세를 내게 주셨으니 그러므로 너는 가서 모든 족속으로 제자를 삼아 아버지와 아들과 성령의 이름으로 세례를 주고 내가 너희에게 분부한 모든 것을 가르쳐 지키게 하라 볼지어다 내가 세상 끝날까지 너희와 항상 함께 있으리라" 마28:19-20

한사람 제자양육은 예수님을 믿는 사람들을 가르쳐 그리스도께 순종하게 하는 것입니다. 가르치는 것과 가르쳐 지키게 하는 일은 다릅니다.

가르쳐 지키게 하는 일은 예수님이 하셨던 것처럼 삶의 나눔을 통해 섬김의 본을 보이는 것으로만 가능합니다.

"내 아들아 그러므로 네가 그리스도 예수 안에 있는 은혜 가운데서 강하고 또 네가 많은 증인 앞에서 내게 들은 바를 충성된 사람들에게 부탁하라 그들이 또 다른 사람들을 가르칠 수 있으리라" 딤후2:1-2

한사람 제자양육은 예수님의 제자로서의 삶을 살게 하는 능력 있는 사역입니다. 에베소서 4장 11-16절은 그리스도의 몸 된 교회가 성장하는 원리를 가르쳐주고 있습니다. 교회의 사역가운데 가장 중요한 것은 말씀으로 하나님의 사람을 세우는 일입니다. 이를 통하여 그리스도의 몸 된 교회를 세우고 하나님의 나라를 이루어 가는 것입니다. 제자양육은 교회를 교회되게 하고, 성도를 하나님의 사람으로 세우는 능력 있는 사역입니다.

한사람 제자양육은 단순히 성경 지식을 전달하는 성경공부가 아닌 성령의 사역입니다. 형식적인 그리스도인이 아니라 신앙과 삶이 일치하는 참된 그리스도인을 길러내는 것에 목적이 있으며, 자기중심의 그리스도인이 아니라 성경중심의 그리스도인으로 세우는데 있습니다. 그렇기에 말씀을 가르치는 멘토와 말씀을 배우는 멘티가 개인적으로 만나 하나님의 말씀을 체계적으로 공부하며, 서로의 삶을 나누고, 함께 기도하며, 성도의 관계를 맺어 가는 것입니다. 이렇게 하겨 멘토와 멘티가 동시에 영적으로 성장해 나가는 것입니다.

2 한사람 제자양육의 중요성

효과적인 양육 방법입니다.

　멘토와 멘티의 관계 사이에서 양육을 하면 강의식이나 소그룹 성경공부와는 다른 확실한 영향력이 있습니다. 강의나 소그룹의 공부 방법에서는 개인적인 문제를 다루기가 쉽지 않습니다. 그리고 그룹 성경공부는 그룹 전체를 위한 것이기에 각 개인에게 필요한 내용 전달에 한계가 있음을 부인할 수 없습니다. 그러나 멘토와 멘티 관계 사이에서 양육과 나눔이 이루어지면 효과적으로 교육내용들이 전달되어질 수 있습니다. 또한 멘티가 개인적으로 구원의 확신이 있는지를 확실하게 점검할 수 있는 것도 큰 장점입니다. 이 점이 강의식이나 소그룹과 큰 차이점입니다.

상대방의 인격을 배려하는 양육 방법입니다.

　현대인들에게 필요한 것은 인격적인 만남입니다. 지식적으로는 많은 것을 가지고 있을지 모르지만 인격적으로 메말라 있는 것이 현대인들의 모습입니다. 이런 상황에서 사람들은 자신을 드러내기 보다는 감추는 것에 익숙해져 있습니다. 문제는 가슴속 깊은 곳에 숨어있는 상처들은 드러내기 전엔 치유와 회복이 어렵다는데 있습니다. 멘토와 멘티가 만나 어디서도 말할 수 없었던 아픈 이야기들을 들어주고, 공감해주고, 기도해줄 때, 변화가 일어나기 시작합니다. 제자 양육의 열쇠는 공감해주고 사랑해 주는데 있습니다. 관계의 회복은 상대방을 배려하는 것으로부터 시작합니다.

멘토에게 영적 성장의 기회입니다.

멘토는 하나님께서 맡겨주신 멘티를 잘 섬기기 위해선 먼저 성령의 인도하심을 구해야 합니다. 교재의 내용을 효과적으로 전달하기 위하여 연구하며, 준비하는 시간도 중요하지만, 무엇보다도 멘티를 예수님처럼 댓가를 치르며 사랑하겠다는 마음의 준비가 있어야 합니다. 그리고 멘티를 위해 끊임없이 중보기도를 해야 합니다. 이런 준비 과정을 통해 멘토는 목회자들의 심정을 알게 되고, 자기도 그 심정을 품게 됩니다. 이것은 영적으로 성숙할 수 있는 새로운 기회를 얻는 일입니다.

제자양육은 교회의 본질적 사역입니다.

제자양육의 핵심은 재생산에 있습니다. 교회가 교회를 계속 세워가지 못한다면 문제입니다. 건강한 교회는 새로운 교회를 계속 낳고 세워가야 합니다. 마찬가지로 예수 그리스도의 제자 된 우리들도 계속하여 제자를 낳는 재생산이 이루어져야 합니다. 디모데후서 2장 1-2절은 충성된 사람이 또 다른 사람을 양육함으로써 복음의 능력을 극대화 시키는 재생산의 원리를 설명해 주고 있습니다. 이러한 원리에 의하여 멘티에게 멘토가 되도록 비전을 심어주어, 하나님의 나라를 넓히는데 쓰임 받는 삶을 살아가도록 동기부여를 하는 것입니다. 이러한 제자양육은 필연적으로 교회를 바로 세우고 영적으로 성장시키는 요소가 되는 것입니다. 엡4:11-16

3 나눔의 원리

우리는 매일 거울을 봅니다. 거울을 보는 이유는 자신이 자신의 모습을 볼 수 없기에 거울을 통해 자신을 보기 위함입니다. 거울을 보면서 헝클어진 머리 모양을 바로 다듬고, 수염을 깎고, 옷매무새를 정리하는 등 흐트러진 자신의 모습을 바로잡아 가기 시작합니다. 만약 거울이 없다면 이런 일들은 남이 대신해 주어야 할 것입니다. 하지만 남이 해준다 해도 자신은 자신의 모습을 결코 바로 볼 수가 없을 것입니다. 자신의 모습을 볼 수 있어야 자신의 모습에 어떤 문제가 있는 것인지 정확히 알 수 있고, 또 교정할 수 있을 것입니다.

한사람 제자양육 성경공부는 말씀에 기초한 삶의 나눔입니다. 그렇기에 나눔의 원리를 바로 알고 양육을 진행한다면 교회를 든든히 세워가는데 쓰임 받는 강력한 도구로서 자리매김 할 것입니다. 삶의 나눔이란 멘토와 멘티가 예수 그리스도란 말씀의 거울을 통해 자신들의 현재의 모습을 바라보는 것입니다. 그리고 거울에 비추어진 자신들의 모습을 말씀으로 교정해 가고, 회복해 가는 과정을 말합니다.

우리들은 신앙생활을 하면서 상대적인 평가를 통해 자신을 볼 때가 얼마나 많은지 모릅니다. 그렇기에 남들을 보면서 내가 더 신앙적으로 성숙되어 있고, 도덕적으로 윤리적으로 깨끗하다고, 자신을 합리화 시킵니다. 하지만 말씀의 거울을 통해 자신을 조명해 보면 다릅니다. 말씀이란 거울에 자신을 비추어 보아야 비로소 일그러져 있던 자신의 모습을 발견할 수 있는 것이지요. 자신의 참 모습을 발견할 수 있어야 회복할 기회도 가질 수 있습니다.

한사람 제자양육의 나눔은 하나님께서 우리를 창조하신 원래의 형상대로 회복해 가는 과정입니다. 한사람 제자양육을 성경공부가 목표가 아니라 삶의 나눔이라고 강조하는 이유도 여기에 있습니다. 성경공부는 매우 중요합니다. 모든 것이 성경으로부터 시작되기 때문입니다. 성경이 모범답안입니다. 하지만 모범답안이 제시해 즈는 것처럼 삶을 살지 않고, 또 교정해 가지 않는다면 말씀은 우리 삶에서 아무런 능력도 드러내지 못합니다. 멘토와 멘티가 말씀으로 자신들을 교정해가며 영향력 있는 삶을 살아갈 때에, 한사람 제자양육 성경공부는 예수 그리스도의 제자를 끊임없이 재생산해 나가는 강력한 툴이 될 것 입니다.